BERUFLICHE WEITERBILDUNG
LEHRBÜCHER

250 Fragen zum Technischen Fachw..
2. Prüfungsteil

Sarastro

ISBN 978-3-941902-91-6 1. Auflage
© Sarastro GmbH, Paderborn, 2012
Alle Rechte vorbehalten. Das Werk und seine Teile sind urheberrechtlich geschützt. Jede Nutzung in anderen als den gesetzlich zugelassenen Fällen bedarf der vorherigen schriftlichen Einwilligung des Verlages. Hinweis zu § 52a UrhG: Weder das Werk noch seine Teile dürfen ohne eine solche Einwilligung eingescannt und in ein Netzwerk eingestellt werden. Dies gilt auch für Intranets von Schulen und sonstigen Bildungseinrichtungen.

Inhaltsverzeichnis

Inhaltsverzeichnis 3
Vorwort 4
Führung und Zusammenarbeit 5
Absatz 15
Materialwirtschaft und Logistik 35
Qualitäts- und Umweltmanagement sowie Arbeitsschutz 44
Produktionswirtschaft 49
Lösungen zu Führung und Zusammenarbeit 63
Lösungen zu Absatz 72
Lösungen zu Materialwirtschaft und Logistik 90
Lösungen zu Qualitäts- und Umweltmanagement sowie Arbeitsschutz 102
Lösungen zur Produktionswirtschaft 110

Vorwort

Der vorliegende Band enthält mehr als 350 Prüfungsaufgaben zur Vorbereitung auf den zweiten Teil der Prüfung. Die Aufgaben gliedern sich in zwei Arten:

- Multiple-Choice-Aufgaben und
- Textaufgaben

Im hinteren Teil des Buches finden Sie die Lösungen zu den Aufgaben. Wenn nötig, mit Lösungsweg, ansonsten mit der richtigen Antwort.

Haben Sie Fragen oder Anregungen? Sie erreichen uns unter info@sarastro-verlag.de

Paderborn im Januar 2012

Führung und Zusammenarbeit

Gründung

1. Bei der Übernahme eines vorhandenen Unternehmens ist der Unternehmenswert zu bestimmen. Welche der folgenden Aussagen ist richtig?

A: Der Substanzwert bewertet die einzelnen Vermögenswerte und Schulden des Unternehmens und bildet aus diesen den Unternehmenswert.

B: Der Wert des Kundenstamms spielt bei der Unternehmensbewertung generell keine Rolle.

C: Der Substanzwert ist dem Ertragswert immer vorzuziehen.

D: Beim Ertragswertverfahren wird von dem aus den Gewinnen ermittelten Wert der Substanzwert des Unternehmens abgezogen.

2. Bei der Wahl zwischen Kauf und Pacht eines Unternehmens ist ... Markieren Sie die falsche Antwort!

A: die Pacht vorzuziehen, wenn der Kaufpreis nicht finanzierbar ist

B: die Pacht vorzuziehen, da ein Kauf nicht mehr korrigierbar ist

C: der Kauf vorzuziehen, da er eine eindeutige Planung ermöglicht

D: die Pacht vorzuziehen, da der Pächter jede wesentliche Änderung an dem Unternehmen allein entscheiden kann

3. Was ist kein Vorteil bei der Übernahme eines vorhandenen Unternehmens?

A: Das Unternehmen ist am Markt eingeführt

B: Es gibt gewachsene Beziehungen zu Kunden und Lieferanten

C: Die Mitarbeiter sind auf den Senior-Inhaber eingestellt

D: Die Betriebsräume sind vorhanden

4. Welche Aussage zu den Vor- und Nachteilen einer selbstständigen Tätigkeit ist falsch?

A: Ein Vorteil der selbstständigen Tätigkeit ist die Selbstbestimmung.
B: Das Einkommen bestimmt der Selbstständige selbst durch seinen Erfolg.
C: Ein Vorteil ist der geringere Stress gegenüber dem Angestelltendasein.
D: Ein Nachteil ist die geringere Bonität bei Start als Selbstständiger.

Planung

5. Bei einem Liniencontrolling ...

A: ist das Controlling dem Top-Management als Stab mit funktionaler Weisungsbefugnis unterstellt
B: werden alle Aufgaben des Controllings zentral ausgeführt
C: werden alle Aufgaben des Controllings dezentral ausgeführt
D: alle anderen Antworten sind falsch

6. Die BCG-Matrix unterscheidet verschiedene Zustände von Geschäftseinheiten. Welche der folgenden Aussagen zur Strategie ist falsch?

A: Milchkühe sollten ausgebaut werden
B: Erfolgsversprechende Fragezeichen sollen ausgebaut werden
C: Arme Hunde sollten eliminiert werden
D: Erfolgsversprechende Stars sollen ausgebaut werden

7. Die Lager-AG hat im vergangenen Jahr einen Umsatz von 30 Mio. € erzielt. Dabei wurden 20.000 Stück verkauft. Der Wareneinstandspreis beträgt 800 €. Wie hoch ist der Rohgewinn?

A: 30.000.000 €
B: 16.000.000 €
C: 14.000.000 €
D: 0 €

8. Die Lager-AG hat im vergangenen Jahr einen Umsatz von 30 Mio. € erzielt. Dabei wurden 20.000 Stück verkauft. Der Wareneinstandspreis beträgt 800 €. Wie hoch ist die Handelsspanne?

A: 100%
B: 46,7%
C: 53,3%
D: 0%

9. Die operative Planung bezieht sich

A: auf das gesamte Unternehmen
B: nur auf Unternehmensteilbereiche
C: auf beides
D: weder noch

10. Eine nachgelagerte Planung ist Aufgabe ...

A: der strategischen Planung
B: der operativen Planung
C: von beiden
D: von keinem von beiden

11. Eine übergeordnete Planung ist Aufgabe ...

A: der strategischen Planung
B: der operativen Planung
C: von beiden
D: von keinem von beiden

12. Ertrag und Liquidität sind Zielgrößen ...

A: der operativen Planung
B: der strategischen Planung
C: von beidem
D: von keinem von beiden

13. Für die operative Planung verantwortlich ist ...

A: das Top-Management
B: das Middle-Managament
C: beide
D: keiner von beiden

14. Für die strategische Planung verantwortlich ist ...

A: das Top-Management
B: das Middle-Managament
C: beide
D: keiner von beiden

15. Strategische Geschäftseinheiten sollen nicht ...

A: von anderen strategischen Geschäftseinheiten unabhängig sein
B: eindeutig identifizierbare Konkurrenten haben
C: über ausreichende Kompetenz verfügen
D: in sich heterogen und zu den anderen strategischen Geschäftseinheiten homogen sein

16. Strategische und operative Planung lassen sich nicht über welches der folgenden Kriterien trennen?

A: Abstraktionsniveau
B: Vollständigkeit der Planung
C: Unternehmensgröße
D: Fristigkeit

17. Was ist keine Kennzahl der Absatzes?

A: Umsatz pro Mitarbeiter
B: Umsatz pro Verkaufsfläche
C: Umsatz pro Kasse
D: Handelsspanne

18. Was ist keine Kennzahl der Beschaffung?

A: Menge der verkauften Ware
B: Umsatzerlöse
C: Umschlagshäufigkeit
D: Rohgewinn

19. Was ist keine Kennzahl der Lagerhaltung?

A: Umschlagshäufigkeit
B: Handelsspanne
C: durchschnittliche Lagerdauer
D: Lagerkostenanteil

20. Zu den externen Marktfaktoren als Einflussgrößen auf die Planung zählt nicht:

A: Kultur
B: Absatzmarkt
C: Kapitalmarkt
D: Beschaffungsmarkt

21. Zu den generellen Umweltfaktoren als externer Einflussfaktor für die Planung zählt nicht:

A: Technologieentwicklung
B: Arbeitsmarkt
C: Sozialpsychologie
D: Recht

22. Unterscheiden Sie 3 verschiedene Sichtweisen der Organisation.

23. Warum ist ein Unternehmen auch eine Organisation?

24. Welche Prinzipien der Organisation sind Ihnen bekannt und welches Element kann als Instrument der Organisation gelten?

25. Wodurch unterscheiden sich die formale und die informale Organisation?

26. Von welchen Faktoren hängt der Organisationsgrad ab?

27. Welche Faktoren beinhalten die Planung der Ablauforganisation? Erklären Sie die Faktoren.

28. Nennen Sie verschiedene Zielsetzungen der Ablauforganisation.

29. Welche Anforderungen werden an ein effektives Zeiterfassungssystem gerichtet?

30. Was ist ein Organigramm und welche Einteilung erfolgt vertikal bzw. horizontal?

31. Welche Inhalte werden in einer Stellenbeschreibung festgehalten?

32. Was ist eine Organisationseinheit, eine Stelle und ein Arbeitsplatz?

33. Welche Voraussetzungen seitens der Ziele müssen vorliegen, damit Management by Objectives erfolgreich eingesetzt werden kann?

34. Welche Nachteile lassen sich aus dem Führungskonzept Management by Objectives erkennen?

35. Welche Arten der Motivation gibt es? Nennen Sie je eine Ausprägung.

36. Erklären Sie das Einlinien- und Mehrliniensystem.

37. Aus welcher Grundüberlegung entstand die Matrixorganisation?

38. Zählen Sie verschiedene Vor- und Nachteile der Matrixorganisation auf.

39. Was sind strategische Geschäftseinheiten?

40. Welche verschiedenen Führungsstile sind Ihnen bekannt?

41. Definieren Sie die Aufgabe der Personalbeurteilung.

42. Wie definiert sich die Unternehmenspolitik?

43. Welche Ziele hat das Wissensmanagement im Unternehmen?

44. Welche Faktoren bezeichnet man allgemeingültig als Führung?

45. Wie unterscheiden sich Unternehmens- und Mitarbeiterbedürfnisse in der Personalwirtschaft?

46. Welche generellen Aufgaben hat die Personalwirtschaft in einem Unternehmen?

47. Welche Einteilung des Personals erfolgt aus arbeitsrechtlicher Sicht? Welche Tätigkeiten werden in der jeweiligen Ebene vorrangig ausgeübt?

48. Benennen Sie Haupt- und Nebenziele einer Personalwirtschaft.

49. Was bezeichnet man als Personalpolitik? Welche Bereiche bezüglich der Personalpolitik sprechen für eine ausgerichtete Unternehmenskultur?

50. Welche arbeitsrechtlichen Bestimmungen finden sich im BGB, im HGB, in Tarifverträgen und in Betriebsvereinbarungen?

51. Welchen Unterschied gibt es zwischen Arbeitsverhältnis und Arbeitsvertrag?

52. In welchem Bereich ist die Beteiligung des Betriebsrates besonders ausgeprägt? Zählen Sie 5 Elemente hieraus auf.

53. Wie heißen die 3 Instanzen der Arbeitsgerichtsbarkeit?

54. Was ist der Ausgangspunkt für die Planung des Personalbedarfs? Wie kann die Personalbedarfsplanung unterteilt werden?

55. Welche unternehmensexternen Faktoren beeinflussen die Personalbedarfsplanung und welche Auswirkungen könnte dies haben?

56. Was versteht man unter dem Bruttopersonalbedarf und wie setzt sich dieser zusammen?

57. Wie definiert sich der Ersatzbedarf und wie wird dieser berechnet?

58. Welche Faktoren berücksichtigt eine mittelfristige Personalbedarfsplanung?

59. Welche Methoden zur Personalbedarfsplanung sind Ihnen bekannt?

60. Welche organisatorischen Verfahren zur Ermittlung des Personalbedarfs sind Ihnen bekannt?

61. Welche Statistiken kommen in der Personalbedarfsplanung zur Anwendung?

62. Zeigen Sie Wege interner Personalbeschaffung mit Beispielen auf.

63. Welche Maßnahmen zur Personalbeschaffung außerhalb des Unternehmens sind Ihnen bekannt? Nennen Sie Beispiele.

64. Welche Regelungen sollten in einem Arbeitsvertrag unbedingt enthalten sein?

65. Womit beschäftigt sich die Personaleinsatzplanung? Wie unterscheiden sich unternehmensbezogene von den mitarbeiterbezogenen Zielen?

66. Definieren Sie Stelle und Stellenplan.

67. Welche Regelungen beinhaltet das Mutterschutzgesetz?

68. Welches Ziel verfolgt die Personalentwicklung?

69. Welche Aufgaben werden für die Personalentwicklung festgestellt?

70. Welche Bereiche der Personalentwicklung werden unterschieden? Orientieren Sie sich an der individuellen und an der kollektiven Bildung.

71. Was bedeutet die Organisationsentwicklung für das Personalwesen?

72. Welche Systematisierung ist geeignet für die unterschiedlichen Methoden

der Personalentwicklung?

73. Nennen Sie das Hauptziel der Personalfreisetzung.

74. Nennen Sie Beispiele für unternehmensinterne und unternehmensexterne Ursachen der Personalfreisetzung.

75. Welche personalpolitischen Maßnahmen zur Vermeidung der Personalfreisetzung sind Ihnen bekannt?

76. Welche Bedingungen gelten als anerkannt, wenn eine personenbedingte Kündigung ausgesprochen wird?

Absatz

Allgemeine Grundlagen

1. Absatzorientierte Kooperation ...

A: betrifft die Einkaufsseite
B: betrifft die Absatzseite
C: bedeutet die Organisationen unterschiedlicher Handelsstufen
D: bedeutet die Zusammenarbeit von Organisationen der gleichen Handelsstufe

2. Beschaffungsorientierte Kooperation ...

A: betrifft die Einkaufsseite
B: betrifft die Absatzseite
C: bedeutet die Organisationen unterschiedlicher Handelsstufen
D: bedeutet die Zusammenarbeit von Organisationen der gleichen Handelsstufe

3. Die Zusammenarbeit von Einzelhandel mit Einzelhandel bedeutet

A: eine beschaffungsorientierte Kooperation
B: absatzorientierte Kooperation
C: vertikale Kooperation
D: horizontale Kooperation

4. Die Zusammenarbeit von Industrie mit Großhandel bedeutet

A: eine beschaffungsorientierte Kooperation
B: absatzorientierte Kooperation
C: vertikale Kooperation
D: horizontale Kooperation

5. Horizontale Kooperation ...

A: betrifft die Einkaufsseite
B: betrifft die Absatzseite
C: bedeutet die Organisationen unterschiedlicher Handelsstufen
D: bedeutet die Zusammenarbeit von Organisationen der gleichen Handelsstufe

6. Vertikale Kooperation ...

A: betrifft die Einkaufsseite
B: betrifft die Absatzseite
C: bedeutet die Organisationen unterschiedlicher Handelsstufen
D: bedeutet die Zusammenarbeit von Organisationen der gleichen Handelsstufe

7. Was ist kein typischer Trend im Handel?

A: Steigende Eigenkapitalquoten
B: Sinkender Gewinn
C: Konsumrückgang
D: kein Wachstum

8. Was ist kein Vorteil bei einem Franchising für den Franchisegeber?

A: Der Franchisegeber benötigt wenig Eigenkapital.
B: Franchisegeber erhalten bei Fremdkapitalverhandlungen die Bonität der Franchisenehmer zusätzlich zur eigenen Bonität.
C: Die Expansion kann schneller erfolgen als ohne Franchisesystem.
D: Die Franchisenehmer kennen die regionalen Märkte besser, so dass die Expansion besser gelingt.

9. Was ist kein Vorteil bei einem Franchising für den Franchisenehmer?

A: Die Existenzgründung wird durch Finanzierungshilfen unterstützt.
B: Eine Reihe von Aufgaben wird vom Franchisegeber übernommen.
C: Die Unterstützung durch den Franchisegeber macht die Existenzgründung sicherer.
D: Franchising ist günstiger als Eigengründungen.

10. Welche Aussage ist falsch für ein Warenhaus?

A: In einem Warenhaus ist das Sortiment sehr breit.
B: Die Servicequalität in einem Warenhaus ist in der Regel sehr gering.
C: Die Preislage in einem Warenhaus ist mittel bis hoch.
D: Die Kommunikation für ein Warenhaus erfolgt stark per Zeitungswerbung über die gesamte Sortimentsbreite.

11. Welche Aussage ist falsch für einen Discounter?

A: In einem Discounter ist das Sortiment meistens sehr eng
B: Die Servicequalität in einem Discounter ist in der Regel sehr gering.
C: Die Preislage bei einem Discounter ist gering
D: Der Verkauf in einem Discounter erfolgt in der Regel mit Bedienung.

12. Welche Besonderheit existiert beim Handelsmarketing nicht?

A: Die Produkte unterscheiden sich aus Kundensicht oft nur marginal.
B: Oftmals haben die Kunde keine vollständige Produktkenntnis.
C: Die Konkurrenzsituation ist im Regelfall sehr transparent.
D: Da im Handel eine Vielzahl von Kunden besteht, ist eine einzige Marketingmaßnahme nicht ausreichend.

13. Welche Chancen können durch Kooperationen nicht erreicht werden?

A: neue Vertriebswege
B: neue Sortimenge
C: neue Preisstrategien
D: neue Rechtsformen

14. Welche Vorteile hat die Expansion per "grüner Wiese" nicht?

A: viele Parkmöglichkeiten
B: große Verkaufsflächen für relativ niedrige Kosten
C: niedrige Raumkosten
D: gute Erreichbarkeit mit öffentlichen Verkehrsmitteln

15. Zu den Instrumenten zur Marktgestaltung zählt nicht ...

A: Produktpolitik
B: Preispolitik
C: Marktforschung
D: Distributionspolitik

Break-Even-Analyse

16. Ein Schnellimbiss verkauft Hot Dogs zu je 1,50 €. Die Hot Dog Würstchen werden im Paket zu je 42 Würstchen zu je 25,20 € gekauft. Als Standgebühr fallen täglich 490 € an. Weiterhin fallen Kosten für die Aushilfe und für sonstige

Marktkosten in Höhe von 770 € pro Tag an. (Alle Beträge ohne USt.) Ermitteln Sie die Break-Even-Menge.

A: Die Break-Even-Menge liegt bei 840 Hot Dogs.
B: Die Break-Even-Menge liegt bei 1.400 Hot Dogs.
C: Die Break-Even-Menge liegt bei 920 Hot Dogs.
D: Die Break-Even-Menge liegt bei 1040 Hot Dogs.

17. Ein Schnellimbiss verkauft Hot Dogs zu je 1,50 €. Die Hot Dog Würstchen werden im Paket zu je 42 Würstchen zu je 25,20 € gekauft. Als Standgebühr fallen täglich 490 € an. Weiterhin fallen Kosten für die Aushilfe und für sonstige Marktkosten in Höhe von 770 € pro Tag an. (Alle Beträge ohne USt.) Berechnen Sie den Break-Even-Umsatz.

A: Der Break-Even-Umsatz beträgt 1.260 €.
B: Der Break-Even-Umsatz beträgt 1560 €.
C: Der Break-Even-Umsatz beträgt 1380 €.
D: Der Break-Even-Umsatz beträgt 2.100 €.

18. Ein Schnellimbiss verkauft Hot Dogs zu je 1,50 €. Die Hot Dog Würstchen werden im Paket zu je 42 Würstchen zu je 25,20 € gekauft. Als Standgebühr fallen täglich 490 € an. Weiterhin fallen Kosten für die Aushilfe und für sonstige Marktkosten in Höhe von 770 € pro Tag an. (Alle Beträge ohne USt.) Der Händler will 5000 Hot Dogs pro Tag verkaufen. Wie hoch ist dann der Erfolgsbeitrag pro Tag?

A: Der Erfolgsbeitrag pro Tag beträgt 2840 €.
B: Der Erfolgsbeitrag pro Tag beträgt 4500 €.
C: Der Erfolgsbeitrag pro Tag beträgt 3240 €.
D: Der Erfolgsbeitrag pro Tag beträgt 6240 €.

19. Ein Schnellimbiss verkauft Hot Dogs zu je 1,50 €. Die Hot Dog Würstchen werden im Paket zu je 42 Würstchen zu je 25,20 € gekauft. Als Standgebühr fallen täglich 490 € an. Weiterhin fallen Kosten für die Aushilfe und für sonstige Marktkosten in Höhe von 770 € pro Tag an. (Alle Beträge ohne USt.) Der Händler möchte den Preis auf 1,35 €/Hot Dog senken, um so den Absatz anzukurbeln. Um wie viel Prozent muss er seinen Absatz steigern, um den derzeitigen Erfolgsbeitrag von 3240 € bei einer Umsatzmenge von 5000 Stk beizubehalten?

A: Er muss seinen Absatz um 10% steigern.
B: Er muss seinen Absatz um 15% steigern.
C: Er muss seinen Absatz um 20% steigern.
D: Er muss seinen Absatz um 25% steigern.

20. Ein Schnellimbiss verkauft Hot Dogs zu je 1,50 €. Die Hot Dog Würstchen werden im Paket zu je 42 Würstchen zu je 25,20 € gekauft. Als Standgebühr fallen täglich 490 € an. Weiterhin fallen Kosten für die Aushilfe und für sonstige Marktkosten in Höhe von 770 € pro Tag an. (Alle Beträge ohne USt.) Wegen gestiegener Fleischprise ziehen die Würstchenpreise kurz vor Marktbeginn an. Für ein Paket muss der Händler nun 35,70 € zahlen. Gleichzeitig soll der Preis für einen Hot Dog auf 1,35 € gesenkt werden um den Umsatz anzukurbeln. Berechnen Sie die Break-even-Menge.

A: Die Break-even-Menge beträgt nun 1938 Hot Dogs.
B: Die Break-even-Menge beträgt nun 2930 Hot Dogs.
C: Die Break-even-Menge beträgt nun 2520 Hot Dogs.
D: Die Break-even-Menge beträgt nun 1680 Hot Dogs.

21. Ein Schnellimbiss verkauft Hot Dogs zu je 1,35 €. Die Hot Dog Würstchen werden im Paket zu je 42 Würstchen zu je 25,20 € gekauft. Als Standgebühr fallen täglich 490 € an. Weiterhin fallen Kosten für die Aushilfe und für sonstige Marktkosten in Höhe von 770 € pro Tag an. (Alle Beträge ohne USt.) Kurz vor Saisonbeginn steigen die Fleischpreise, so dass der Händler für ein Paket 35,70 € bezahlen muss. Ermitteln Sie den Erfolgsbeitrag aus dem Hot Dog Verkauf wenn 5250 Hot Dogs verkauft werden.

A: Der Erfolgsbeitrag beträgt 1365 €.
B: Der Erfolgsbeitrag beträgt 2152,5 €.
C: Der Erfolgsbeitrag beträgt 2675,5 €.
D: Der Erfolgsbeitrag beträgt 1280 €.

22. Für das Oktoberfest in München stellt eine Brauerei 20.000 l Weizenbier her. Restmengen werden von der Münchener Gaststätte abgenommen. Die Planerfolgsrechnung zeigt folgendes Bild: Text Betrag in € variabler Kostenanteil in % Umsatzerlöse 180.000 Materialkosten 21.000 100 Löhne 4.000 100 Fertigungsgemeinkosten 25.000 60 Verwaltungsgemeinkosten 10.000 0 Vertriebsgemeinkosten 80.000 80 Selbstkosten 140.000 Ergebnis des Umsatzes 40.000 Ermitteln Sie die Gewinnschwellenmenge.

A: Die Gewinnschwellenmenge beträgt 9480 l.
B: Die Gewinnschwellenmenge beträgt 9379 l.
C: Die Gewinnschwellenmenge beträgt 9537 l.
D: Die Gewinnschwellenmenge beträgt 9474 l.

23. Für das Oktoberfest in München stellt eine Brauerei 20.000 l Weizenbier her. Es wird ein Umsatz von 180.000 € erwirtschaftet. Die Selbstkosten je Liter

betragen 5,2 € und die Fixkosten betragen 36.000 €. Das Klosterfest soll einen Ergebnisbeitrag von 25.000 € erwirtschaften. Ermitteln Sie, wie viel Bier verkauft werden muss, um dieses Ergebnis zu erreichen.

A: Um einen Ergebnisbeitrag von 25.000 € zu erwirtschaften muss die Brauerei 16.053 l verkaufen.
B: Um einen Ergebnisbeitrag von 25.000 € zu erwirtschaften muss die Brauerei 16.128 l verkaufen.
C: Um einen Ergebnisbeitrag von 25.000 € zu erwirtschaften muss die Brauerei 15.892 l verkaufen.
D: Um einen Ergebnisbeitrag von 25.000 € zu erwirtschaften muss die Brauerei 16.089 l verkaufen.

24. Für das Oktoberfest in München stellt eine Brauerei 20.000 l Weizenbier her. Restmengen werden von der Münchener Gaststätte abgenommen. Nehmen Sie an, dass die variablen Kosten, die bisher bei 5,2 €/l liegen im kommenden Jahr um 10%, die Fixkosten bleiben bei 36.000 €. Derzeit wird ein Liter Weizenbier für 9 € verkauft. Berechnen Sie die Preiserhöhung, die notwendig ist, damit ein Ergebnis von 25.000 € erwirtschaftet wird bei einer Menge von 16.053 l.

A: Der Preis muss um 5,9% erhöht werden.
B: Der Preis muss um 5,3% erhöht werden.
C: Der Preis muss um 5,7% erhöht werden.
D: Der Preis muss um 6,1% erhöht werden.

25. Die Top-Büro- GmbH stellt Büromöbel her. Schränke und Regale durchlaufen die Fertigungsbereiche F1 (= Vorfertigung) und F 2 (= Montage); Der Tisch wird aus fremdbezogenen Teilen montiert. Aufgrund einer Großreparatur ist in diesem Quartal auf der F2 ein Engpass, so dass Regale gar nicht produziert werden konnten.

Produkte	erzeugnisbezogene Fixkosten je Quartal	variable Kosten je Stück	Verkaufspreis je Stück	Abgesetze Menge in Stück
Schrank	80.000 €	320 €	420 €	2.500
Tisch	60.000 €	290 €	360 €	1.750
Regal	20.000 €	160 €	180 €	0

Ermitteln Sie den Stückpreis für ein Regal bei einer Absatzmenge von 400 Stück, wenn alle der Produktgruppe Regal einrechenbaren Kosten gedeckt sein sollen.

A: Bei einem Preis von 220 € sind alle einrechenbare Kosten der Produktgruppe Regal gedeckt.
B: Bei einem Preis von 218 € sind alle einrechenbare Kosten der Produktgruppe Regal gedeckt.
C: Bei einem Preis von 222 € sind alle einrechenbare Kosten der Produktgruppe Regal gedeckt.
D: Bei einem Preis von 210 € sind alle einrechenbare Kosten der Produktgruppe Regal gedeckt.

Deckungsbeitragsrechnung

26. Eine Camping AG ermittelt im Rahmen seiner Betriebsabrechnung folgende Daten:

	Zelte	Iglus
Fertigungsmaterial	390.000 €	220.000 €
Materialgemeinkosten	22.000 €	39.000 €
Fertigungslöhne	260.000 €	240.000 €
Fertigungsgemeinkosten	360.000 €	390.000 €
Verwaltung und Vertrieb	126.300 €	161.850 €
Produzierte abgesetzte Einheiten	2.500 Stk.	5000 Stk.
Verkaufserlös pro Stück	550 €	188 €

Ermitteln Sie für beide Produkte den Stückdeckungsbeitrag. Nehmen Sie dabei an, dass 20% der Gemeinkosten variabel sind.

Verkaufserlös pro Stk.	550 €	188 €

Materialgemeinkostenzuschlag 10%
Fertigungsgemeinkostenzuschlag 150%
Verwaltungs- und Vertriebsgemeinkostenzuschlag 15%

A: Der Stückdeckungsbeitrag beträgt 290 € für Zelte und 96 € für Iglus.
B: Der Stückdeckungsbeitrag beträgt 242,73 € für Zelte und 75,67 € für Iglus.
C: Der Stückdeckungsbeitrag beträgt 270 € für Zelte und 79 € für Iglus.
D: Der Stückdeckungsbeitrag beträgt 235,66 € für Zelte und 68,35 € für Iglus.

27. In der Abrechnungsperiode 11 erwartet die Vertriebsleitung der Wintersport GmbH einen Absatz von 4.800 Paar Ski-Schuhen. Der Nettopreis soll 150,00 €/Paar betragen. Die direkt zurechenbaren Fixkosten für diesen Artikel betragen 95.310,00 € pro Monat. Es wird ein DB von 45 € je Paar erwartet. Ermitteln Sie aufgrund der obigen Daten die DBU-Rate (Deckungsbeitrags-Umsatz-Rate).

A: Die Deckungsbeitragsumsatzrate beträgt 20 %.
B: Die Deckungsbeitragsumsatzrate beträgt 25 %.
C: Die Deckungsbeitragsumsatzrate beträgt 30 %.
D: Die Deckungsbeitragsumsatzrate beträgt 35 %.

28. In der Abrechnungsperiode 11 erwartet die Vertriebsleitung der Wintersport GmbH einen Absatz von 4.800 Paar Ski-Schuhen. Der Nettopreis soll 150,00 € betragen. Der Listeneinkaufspreis für ein Paar beträgt 90,00 €. Die Bezugskosten belaufen sich auf 3,90 € pro Paar. Die sonstigen variablen Kosten betragen 15,98 pro Paar. Der Lieferer gewährt Skonto in Höhe von 2,5 % sowie einen Wiederverkäuferrabatt von 3% Die direkt zurechenbaren Fixkosten für diesen Artikel betragen 95.310,00 € pro Monat. Ermitteln Sie den Deckungsbeitrag pro Stück für diesen Artikel.

A: Der Deckungsbeitrag pro Paar beträgt 42,73 €.
B: Der Deckungsbeitrag pro Paar beträgt 42,82 €.
C: Der Deckungsbeitrag pro Paar beträgt 45,00 €.
D: Der Deckungsbeitrag pro Paar beträgt 43,50 €.

29. In der Abrechnungsperiode 11 erwartet die Vertriebsleitung der Wintersport GmbH einen Absatz von 4.800 Paar Ski-Schuhen. Der Nettopreis soll 150,00 €/Paar betragen. Die direkt zurechenbaren Fixkosten für diesen Artikel betragen 95.310,00 € pro Monat. Es wird ein DB von 45 € je Paar erwartet. Berechnen Sie aufgrund der vorliegenden Daten die Gewinnschwellenmenge.

A: Die Gewinnschwellenmenge beträgt 2118 Paar.
B: Die Gewinnschwellenmengen beträgt 2231 Paar.
C: Die Gewinnschwellenmengen beträgt 2192 Paar.
D: Die Gewinnschwellenmengen beträgt 2226 Paar.

30. In der Abrechnungsperiode 11 hatte die Vertriebsleitung der Wintersport GmbH einen Absatz von 4.800 Paar Ski-Schuhen, bei einem Nettoverkaufspreis von 150,00 €/Paar. Dabei entstanden 105 € variable Kosten je Paar. Anlässlich einer Wintersportgroßveranstaltung 12 plant das Unternehmen flächendeckend eine Preissenkung auf 139,00 € pro Paar Ski-Schuhe. Die Geschäftsleitung möchte wissen, um wie viel Paar der Absatz dann erhöht werden müsste, wenn das Periodenergebnis 11 wieder erzielt werden soll. An variablen Kosten entstehen 105 € je Paar.

A: Es ist eine Mengenerhöhung von 1545 Paar notwendig.
B: Es ist eine Mengenerhöhung von 1542 Paar notwendig.
C: Es ist eine Mengenerhöhung von 1587 Paar notwendig.
D: Es ist eine Mengenerhöhung von 1553 Paar notwendig.

31. In der Sicher - GmbH werden nur Sicherheitsschuhe gefertigt. Für den Monat Januar wurden folgende Daten festgestellt: Absatzmenge: 7.550 Stück, Produktionsmenge: 7.800 Stück Nettoerlös pro Stück: 98,40 € Bestandsmeh-

rung Rohstoffe: 10.000 € Material- und Fertigungseinzelkosten: 226.200 € Material- und Fertigungsgemeinkosten: 413.400 € Verwaltungs- und Vertriebsgemeinkosten: 73.820 € Erstellen Sie die einstufige Deckungsbeitragsrechnung für den Monat Januar. Nehmen Sie an, dass von den Material- und Fertigungsgemeinkosten 21 €/Paar variabel sind.

A: Der Gesamtdeckungsbeitrag beträgt 366.440 € und das Betriebsergebnis 42.500 €.
B: Der Gesamtdeckungsbeitrag beträgt 365.420 € und das Betriebsergebnis 42.000 €.
C: Der Gesamtdeckungsbeitrag beträgt 367.120 € und das Betriebsergebnis 42.680 €.
D: Der Gesamtdeckungsbeitrag beträgt 368.620 € und das Betriebsergebnis 42.840 €.

Marketing

32. Bei einer Dachmarke ...

A: hat jedes einzelne Produkt einen speziellen Markennamen
B: haben alle Produkte den gleichen Namen
C: wird eine Kombination von speziellen Markennamen und einem gemeinsamen Namen für alle Produkte gewählt
D: alle Aussagen sind falsch

33. Bei einer Kombinationsmarke ...

A: hat jedes einzelne Produkt einen speziellen Markennamen
B: haben alle Produkte den gleichen Namen
C: wird eine Kombination von speziellen Markennamen und einem gemeinsamen Namen für alle Produkte gewählt
D: alle Aussagen sind falsch

34. Bei einer Monomarke ...

A: hat jedes einzelne Produkt einen speziellen Markennamen
B: haben alle Produkte den gleichen Namen
C: wird eine Kombination von speziellen Markennamen und einem gemeinsamen Namen für alle Produkte gewählt
D: alle Aussagen sind falsch

35. Im Rahmen der Marktforschung unterscheidet man Primär- und Sekundärforschung. Welche der folgenden Aussagen ist falsch?

A: Bei der Primärforschung werden eigene Untersuchungen durchgeführt.
B: Die Sekundärforschung ist aufwendiger.
C: Bei der Sekundärforschung werden bereits vorliegende Materialien ausgewertet.
D: Die Sekundärforschung ist günstiger.

36. Persönliche Preisdifferenzierung bedeutet ...

A: unterschiedliche Preis in verschiedenen Regionen
B: unterschiedliche Preise für unterschiedliche Mengen
C: unterschiedliche Preise für unterschiedliche Tageszeiten
D: unterschiedliche Preise je nach Personengruppe

37. Preisdifferenzierung nach Absatzmengen bedeutet ...

A: unterschiedliche Preis in verschiedenen Regionen
B: unterschiedliche Preise für unterschiedliche Mengen
C: unterschiedliche Preise für unterschiedliche Tageszeiten
D: unterschiedliche Preise je nach Personengruppe

38. Räumliche Preispolitik bedeutet ...

A: unterschiedliche Preis in verschiedenen Regionen
B: unterschiedliche Preise für unterschiedliche Mengen
C: unterschiedliche Preise für unterschiedliche Tageszeiten
D: unterschiedliche Preise je nach Personengruppe

39. Was ist keine Aufgabe der Preispolitik?

A: Das generelle Preissegment festlegen
B: Gewinnung neuer Märkte
C: Preisvergleiche mit der Konkurrenz durchführen
D: Den Preis neuer Produkte festzulegen

40. Welche Ziele können mithilfe der Preispolitik nicht realisiert werden?
A: Umsatzmaximierung
B: direkte Kundenlieferungen
C: Neukundengewinnung
D: Gewinnung von Marktanteilen

41. Zeitliche Preispolitik bedeutet ...

A: unterschiedliche Preis in verschiedenen Regionen
B: unterschiedliche Preise für unterschiedliche Mengen
C: unterschiedliche Preise für unterschiedliche Tageszeiten
D: unterschiedliche Preise je nach Personengruppe

42. Zu den direkten Absatzwegen zählt nicht ...

A: Geschäftsleitung
B: Handelsvertreter
C: Innendienst
D: Verkaufsbüros

43. Zu den indirekten Absatzwegen zählt nicht ...

A: Filialen
B: Kommissionäre
C: Franchise-Systeme
D: Großhandel

44. Zu den qualitativen Marketingzielen gehören nicht ...

A: Marktanteilsziele
B: Image
C: Qualität
D: Kundenzufriedenheit

45. Zu den quantitativen Marketingzielen gehören nicht ...

A: Umsatzziele
B: Marktanteilsziele
C: Kostenziele
D: Bekanntheitsgrad

46. Zu Produktinnovationen zählt nicht ...
A: Produktdifferenzierung
B: horizontale Diversifikation
C: vertikale Diversifikation
D: Produktvariation

Marktanalysen

47. Die Back-AG verkauft für 500 Mio. € Backwaren. Auf dem Markt verkaufen Konkurrenten im gleichen Zeitraum Backwaren im Volumen von 1.000 Mio. €. Das Marktforschungsinstitut Orakel geht davon aus, dass insgesamt für 2.000 Mio. € Backwaren abgesetzt werden könnten, wenn alle marketingpolitischen Mittel umgesetzt würden. Wie stark ist das Marktpotenzial bei Backwaren ausgeschöpft?

A: 75%
B: 33%
C: 50%
D: 25%

48. Die Back-AG verkauft für 500 Mio. € Backwaren. Auf dem Markt verkaufen Konkurrenten im gleichen Zeitraum Backwaren im Volumen von 1.000 Mio. €. Das Marktforschungsinstitut Orakel geht davon aus, dass insgesamt für 2.000 Mio. € Backwaren abgesetzt werden könnten, wenn alle marketingpolitischen Mittel umgesetzt würden. Wie hoch ist der Marktanteil der Back-AG?

A: 20%
B: 33%
C: 50%
D: 14%

49. In der Kundenanalyse wird nicht betrachtet ...

A: Zielgruppenprofil
B: Marktsegmentierung
C: Informationen über Vertriebsstrukturen
D: Wertewandel

50. In der Portfolio-Methode (BCG-Matrix) unterscheidet man vier Felder. Arme Hunde ... Welche Aussage ist falsch?

A: verbrauchen wenig Cash
B: erzeugen nicht viel Cash
C: sollten in der Regel vom Markt genommen werden
D: haben einen hohen Marktanteil

51. In der Portfolio-Methode (BCG-Matrix) unterscheidet man vier Felder. Milchkühe ... Welche Aussage ist falsch?

A: sind in der Sättigungsphase
B: sollten verkauft werden
C: erbringen einen hohen Deckungsbeitrag
D: sind die Quellen für Gewinn und Liquidität

52. In der Portfolio-Methode (BCG-Matrix) unterscheidet man vier Felder. Stars ... Welche Aussage ist falsch?

A: wachsen schnell und verbrauchen viel Cash
B: haben einen hohen Marktanteil
C: haben in der Regel einen hohen Deckungsbeitrag
D: sind die Milchkühe von morgen

53. Welches der folgenden Instrumente ist kein Instrument der strategischen Analyse?

A: Konkurrenzanalyse
B: Chancen-Risiken-Analyse
C: Stärken-Schwächen-Analyse
D: Aktienanalyse

Marktforschung

54. Welchen Nachteil hat die Sekundärforschung insbesondere?

A: zeitaufwendig
B: hohe Kosten
C: in der Regel kein Erkenntnisgewinn
D: überholte Materialien

55. Welchen Vorteil hat die Sekundärforschung nicht?

A: geringerer Zeitaufwand
B: geringere Kosten
C: exakte Beantwortung der Fragestellung
D: Gewinnung ergänzender Erkenntnisse

56. Zu den Auswahlverfahren der Primärforschung zählt nicht ...

A: Panelverfahren
B: Befragung
C: Beobachtung
D: Test

57. Zu den Erhebungsarten der Primärforschung zählt nicht ...

A: Vollerhebung
B: Beobachtung
C: Teilerhebung
D: Quotenverfahren

Optimales Produktprogramm

58. Ein Elektrounternehmen produziert und verkauft vier unterschiedliche Typen Digitalkameras. Dabei entstehen nachfolgende Grenzkosten: Typ A 120,00 €/Kamera Typ B 180,00 €/Kamera Typ C 60,00 €/Kamera Typ D 60,00 €/Kamera Alle vier Typen belegen gemeinsame Produktionsanlagen, deren Kapazität technisch bedingt auf maximal 50.000 Maschinenlaufstunden je Jahr begrenzt ist. Die Durchlaufzeiten je Kamera betragen für: Typ A 5 Stunden Typ B 2 Stunden Typ C 3 Stunden Typ D 1 Stunde Die Fixkosten - ohne kalkulatorische Zinsen - belaufen sich auf 4.325.000 € je Jahr. Durch Beschluss der Gesellschafterversammlung steht fest, dass sich das in der Bilanz ausgewiesene Gesamtkapital mit 9% verzinsen soll. Das fremdfinanzierte Kapital ist in dieser Bilanz mit 5.000.000 € ausgewiesen. Das Verhältnis von Fremdkapital zu Eigenkapital beträgt 2:1. Ermitteln Sie die Solldeckungsbeiträge der einzelnen Typen und legen Sie für die einzelnen Typen die Verkaufspreisvorschläge je Kamera vor, die alle Kosten decken.

A: Der Solldeckungsbeitrag für Typ C beträgt 320 €.
B: Der Solldeckungsbeitrag für Typ A beträgt 550 €
C: Der Mindestpreisvorschlag für B beträgt 380 €.
D: Der Mindestpreisvorschlag für D beträgt 180 €.

Standortmarketing

59. Zu den psychografischen Merkmalen der Marktsegmentierung zählt nicht ...

A: Traditionsbewusstsein
B: Lebenswohnheiten

C: Wertvorstellungen
D: Herkunft

60. Zu den soziodemografischen Merkmalen der Marktsegmentierung zählt nicht ...

A: Geschlecht
B: Alter
C: Region
D: Berufsgruppe

61. Zu den staatlichen Standortfaktoren zählt nicht ...

A: Kaufkraft
B: Steuern
C: Bildungspolitik
D: Verbraucherschutz

62. Zu den Standortfaktoren des Absatzes zählt nicht ...

A: Konkurrenz
B: Verkaufsfläche
C: Absatzmittler
D: Fremdleistungen

Werbeerfolgskontrolle

63. Was ist eine Kennzahl zur Werbeerfolgskontrolle?

A: Umsatz
B: Werbeaufwand
C: Umsatzzuwachs
D: Umsatzzuwachs / Werbeaufwand

Offene Fragen

Aufgabe 1

Was sind die Schritte des Marketingprozesses?

Aufgabe 2

Was sind Marketingziele?

Aufgabe 3

Grenzen Sie operative und strategische Marketingziele voneinander ab!

Aufgabe 4

Nennen Sie Beispiele für strategische Marketingziele!

Aufgabe 5

Nennen Sie Beispiele für operative Marketingziele!

Aufgabe 6

Was sind Marketingstrategien?

Aufgabe 7

Was versteht man unter Marktsegmentierung?

Aufgabe 8

Welche Schritte werden in der Marktsegmentierung durchlaufen?

Aufgabe 9

Was ist eine Wettbewerbsstrategie?

Aufgabe 10
Was versteht man unter dem Produktlebenszyklus?

Aufgabe 11
Was ist die Portfolio-Analyse?

Aufgabe 12
Was sind die fünf Wettbewerbskräfte im Rahmen der Branchenstrukturanalyse?

Aufgabe 13
Welches Ziel hat die Konkurrenzanalyse?

Aufgabe 14
Was sind Marketinginstrumente?

Aufgabe 15
Was ist Ziel der Produktpolitik?

Aufgabe 16
Was sind die Aufgaben der Produktpolitik?

Aufgabe 17
Was gehört zur Produktgestaltung?

Aufgabe 18

Was sind Produktinnovationen, -variationen, -diversifikation und –elimination?

Aufgabe 19

Was ist Aufgabe der Preispolitik?

Aufgabe 20

Was ist die kostenorientierte Preispolitik?

Aufgabe 21

Was ist die konkurrenzorientierte Preispolitik?

Aufgabe 22

Wie wird die Preiselastizität ermittelt und welche Aussage hat eine geringe Preiselastizität?

Aufgabe 23

Was versteht man unter Preisdifferenzierung?

Aufgabe 24

Was ist die Skimming Strategie?

Aufgabe 25

Was ist die Penetration Strategie?

Aufgabe 26
Wie ist die typische Vertriebsorganisation aufgebaut?

Aufgabe 27
Was ist das strategische Vertriebscontrolling?

Aufgabe 28
Was ist das operative Vertriebscontrolling?

Aufgabe 29
Was ist der Deckungsbeitrag und welche Aussage hat er?

Aufgabe 30
Was ist der Unterschied zwischen variablen und fixen Kosten?

Aufgabe 31
Was sind nicht-tarifäre Handelshemmnisse?

Aufgabe 32
Welche Kooperationsformen lassen sich unterscheiden?

Aufgabe 33
Welche rechtlichen Formen von Marken lassen sich unterscheiden?

Aufgabe 34

Erläutern Sie die Entwicklung des Marketings. Geben sie auch die jeweiligen Anspruchsspektren an!

Aufgabe 35

Welche Elemente beinhaltet das Corporate-Identity-Konzept? Erläutern sie diese! Worauf muss im Rahmen des Corporate Identity-Konzepts besonders geachtet werden? Welche Ziele werden mit dem Konzept verfolgt?

Materialwirtschaft und Logistik

Beschaffung

1. Betriebsstoffe sind ...

A: Stoffe, die unmittelbar in das fertige Erzeugnis eingehen und dessen Hauptbestandteil darstellen.
B: Stoffe, die unmittelbar in das fertige Erzeugnis eingehen, aber lediglich einen Hilfsbestandteil darstellen.
C: Stoffe, die bei der Herstellung eines Erzeugnisses mittelbar oder unmittelbar verbraucht werden.
D: alle Antworten sind falsch

2. Hilfsstoffe sind ...

A: Stoffe, die unmittelbar in das fertige Erzeugnis eingehen und dessen Hauptbestandteil darstellen.
B: Stoffe, die unmittelbar in das fertige Erzeugnis eingehen, aber lediglich einen Hilfsbestandteil darstellen.
C: Stoffe, die bei der Herstellung eines Erzeugnisses mittelbar oder unmittelbar verbraucht werden.
D: alle Antworten sind falsch

3. Rohstoffe sind ...

A: Stoffe, die unmittelbar in das fertige Erzeugnis eingehen und dessen Hauptbestandteil darstellen.
B: Stoffe, die unmittelbar in das fertige Erzeugnis eingehen, aber lediglich einen Hilfsbestandteil darstellen.
C: Stoffe, die bei der Herstellung eines Erzeugnisses mittelbar oder unmittelbar verbraucht werden.
D: alle Antworten sind falsch

4. Unter Primärbedarf versteht man ...

A: den Bedarf des Marktes an einem verkaufsfertigen Erzeugnis
B: den Bedarf u.a. an Rohstoffen
C: den Bedarf an Hilfs- und Betriebsstoffen
D: nichts von allem

5. Unter Sekundärbedarf versteht man ...

A: den Bedarf des Marktes an einem verkaufsfertigen Erzeugnis
B: den Bedarf u.a. an Rohstoffen
C: den Bedarf an Hilfs- und Betriebsstoffen
D: nichts von allem

6. Unter Tertiärbedarf versteht man ...

A: den Bedarf des Marktes an einem verkaufsfertigen Erzeugnis
B: den Bedarf u.a. an Rohstoffen
C: den Bedarf an Hilfs- und Betriebsstoffen
D: nichts von allem

Beschaffungspolitik

7. Der Jahresbedarf des Materials X beträgt 1000 Stück. Pro Bestellung fallen 5 € Kosten an. Der Einstandspreis pro Stück beträgt 26 €, der Lagerhaltungskostensatz 4 €. Wie hoch ist die optimale Bestellhäufigkeit?

A: 10,20
B: 2,55
C: 50,99
D: 144,22

8. Der Jahresbedarf des Materials X beträgt 1000 Stück. Pro Bestellung fallen 5 € Kosten an. Der Einstandspreis pro Stück beträgt 26 €, der Lagerhaltungskostensatz 4 €. Wie hoch ist die optimale Bestellmenge nach Andler?

A: 392,23
B: 98,06
C: 19,61
D: 6,93

9. E-Procurement bedeutet ...

A: elektronischer Handel
B: elektronischer Zahlungsverkehr
C: elektronische Logistikprozesse
D: elektronische Beschaffung

10. Was gehört nicht zum E-Business?

A: E-Commerce
B: E-Banking
C: E-Logistic
D: es gehört alles zum E-Business

Lagerwirtschaft´

11. Bei der Bewertung des Lagerbestandes nach HGB ist welches Verfahren nicht zulässig?

A: Verbrauchsfolgeverfahren
B: Durchschnittsbewertung
C: Gruppenbewertung
D: alle genannten Verfahren sind erlaubt

12. Bei der Inventurmethode ...

A: werden alle Zu- und Abgänge laufend erfasst
B: wird der Lagerbestand durch Inventur ermittelt
C: wird der Lagerbestand geschätzt
D: wird der Lagerbestand aus der tatsächlich hergestellten Stückzahl zurückgerechnet

13. Bei der retrograden Methode ...

A: werden alle Zu- und Abgänge laufend erfasst
B: wird der Lagerbestand durch Inventur ermittelt
C: wird der Lagerbestand geschätzt
D: wird der Lagerbestand aus der tatsächlich hergestellten Stückzahl zurückgerechnet

14. Bei der Skontraktionsmethode ...

A: werden alle Zu- und Abgänge laufend erfasst
B: wird der Lagerbestand durch Inventur ermittelt
C: wird der Lagerbestand geschätzt
D: wird der Lagerbestand aus der tatsächlich hergestellten Stückzahl zurückgerechnet

15. Es soll eine Entscheidung bezüglich Eigenlagerung oder Fremdlagerung getroffen werden. Das eigene Lager verursacht jährliche Fixkosten von 96.000 € für Miete, Abschreibungen und Lagergehälter. Als variable Kosten kommen 0,48 € / Stück hinzu. Das Fremdlager kostet 1,50 € / Stück. Bei welcher Lagermenge sind die Kosten gleich?

A: 96.000
B: 150.000
C: 48.000
D: 94.118

16. Es soll eine Entscheidung bezüglich Eigenlagerung oder Fremdlagerung getroffen werden. Das eigene Lager verursacht jährliche Fixkosten von 96.000 € für Miete, Abschreibungen und Lagergehälter. Als variable Kosten kommen 0,48 € / Stück hinzu. Das Fremdlager kostet 1,50 € / Stück. Welches Lager ist bei 85.000 Stück pro Jahr vorteilhaft?

A: Eigenlager
B: Fremdlager
C: beide gleich
D: keine Antwort möglich

Offene Fragen:

Aufgabe 1

Was ist Logistik?

Aufgabe 2

Mit welchem Hauptproblem muss sich die Logistik auseinandersetzen?

Aufgabe 3

In welche Bereiche lässt sich die Logistik zerlegen?

Aufgabe 4

Von welchen Faktoren ist die Form von Sourcing-Konzepten abhängig?

Aufgabe 5

Was ist die Lieferantenbewertung?

Aufgabe 6

Was ist die Beschaffungsstrategie?

Aufgabe 7

Welche Fragen sollen mit der Beschaffungsstrategie beantwortet werden?

Aufgabe 8

Was ist die Einzelquellenbeschaffung?

Aufgabe 9

Was ist die Mehrquellenbeschaffung?

Aufgabe 10

Wie wird die Lieferfrequenz berechnet?

Aufgabe 11

Wie ergibt sich die optimale Liefermenge nach Andler?

Aufgabe 12

Was ist der Feinabruf?

Aufgabe 13

Welche Aufgabe hat die Materialwirtschaft?

Aufgabe 14

Welche Schritte werden im Wareneingang durchlaufen?

Aufgabe 15

Welche Aufgabe hat das Beschaffungscontrolling?

Aufgabe 16

Welchem Zweck dient die Lagerhaltung?

Aufgabe 17

Nach welchen Kriterien wird die Make-or-buy-Entscheidung getroffen?

Aufgabe 18

Welche Maßnahmen werden im Rahmen der Qualitätspolitik getroffen?

Aufgabe 19

Wie setzt sich die Beschaffungszeit zusammen?

Aufgabe 20

Welcher Unterschied besteht zwischen direkter und indirekter Beschaffung?

Aufgabe 21

Welche Kriterien werden zur Lieferantenbewertung heranziehen?

Aufgabe 22

Wie funktioniert die ABC-Analyse?

Aufgabe 23

Was ist der Sicherheitsbestand?

Aufgabe 24

Folgende Ausgangsdaten sind gegeben:

Jahresbedarf: 16.000 t

Einstandspreis: 800 €/t

Bestellkosten: 150 €

Lagerkostensatz: 10%

Kalkulatorischer Zinssatz: 8%

Wie groß ist die optimale Bestellmenge und die optimale Bestellhäufigkeit?

Aufgabe 25

Was ist Abfallvermeidung? Nennen Sie ein Beispiel.

Aufgabe 26

Was ist Abfallverminderung? Nennen Sie ein Beispiel.

Aufgabe 27

Was ist Abfallverwertung? Nennen Sie ein Beispiel.

Aufgabe 28

Was ist Abfallbeseitigung? Nennen Sie ein Beispiel.

Aufgabe 29

Ein Unternehmen bestellt wöchentlich 18 Stück einer Ware. Der Mindestbestand dieser beträgt vier Stück. Wie ist der durchschnittliche Lagerbestand und das im Lager gebundene Kapital, wenn der Wert eines Stücks 400 € beträgt?

Aufgabe 30

Es gelten die Rahmenbedingungen der vorigen Aufgabe. Wie hoch sind die Lagerkosten pro Jahr, wenn der Lagerkostensatz 15% pro Jahr beträgt?

Aufgabe 31

Es gelten die Rahmenbedingungen der vorigen beiden Aufgaben. Pro Jahr werden 520 Stück verkauft. Berechnen Sie die Lagerumschlagshäufigkeit!

Aufgabe 32

Welche Vor- und Nachteile haben unternehmenseigene Transportmöglichkeiten?

Aufgabe 33

Ein Angebot wird befristet auf den 3. August. Der Empfänger des Angebots schreibt auf die Angebotsannahme den 2. August, schickt das Dokument aber erst am 3. August gegen 21 Uhr an den Anbieter zurück. Ist das Geschäft zustande gekommen?

Aufgabe 34

Kreditinstitut B gibt Kreditnehmer A wegen dessen hoher Bonität am 2. Januar einen Kredit. Am 3. Januar erfährt B, dass A sich in Zahlungsschwierigkeiten befindet. Am a) 2. Februar, b) 4. Januar ficht B das Darlehen an. Welche rechtlichen Folgen hat dies?

Aufgabe 35

Wann werden die Allgemeinen Geschäftsbedingungen eines Vertragspartners Teil eines Geschäftsvertrages?

Aufgabe 36

Welche Rechtsfolgen ergeben sich bei Nichteinbeziehung oder Unwirksamkeit der Allgemeinen Geschäftsbedingungen?

Aufgabe 37

Welche Formen der Bestandsermittlung lassen sich unterscheiden?

Aufgabe 38

Was bedeutet Efficient Replenishment?

Aufgabe 39

Was bedeutet EAN?

Qualitäts- und Umweltmanagement sowie Arbeitsschutz

Aufgabe 1

Welche Vorschriften sind bei Umgang und Lagerung von Kühlschmierstoffen zu beachten?

Aufgabe 2

Welche Aufgaben haben die Berufsgenossenschaften?

Aufgabe 3

Welcher Personenkreis ist über die Berufsgenossenschaft versichert?

Aufgabe 4

Welche Aufgaben übernimmt die gesetzliche Unfallversicherung?

Aufgabe 5

Wie werden Beiträge im Rahmen der gesetzlichen Unfallversicherung erhoben?

Aufgabe 6

Mitarbeiter M fühlt sich starkem Stress ausgesetzt und meldet sich bei seinem Arbeitgeber krank. Welche Ursachen kann dies haben?

Aufgabe 7

Es gelten die Rahmenbedingungen von Aufgabe 6. Welche Möglichkeiten bestehen zur Verbesserung der Situation?

Aufgabe 8

Was sind R- und S-Sätze?

Aufgabe 9

Welche Maßnahmen lassen sich beim Umgang mit Abfall im Bereich Umweltschutz vornehmen?

Aufgabe 10

Welche Maßnahmen lassen sich beim Umgang mit Abluft im Bereich Umweltschutz vornehmen?

Aufgabe 11

Welche Maßnahmen lassen sich beim Umgang mit Abwasser im Bereich Umweltschutz vornehmen?

Aufgabe 12

Welche Maßnahmen lassen sich beim Umgang mit Boden im Bereich Umweltschutz vornehmen?

Aufgabe 13

Was versteht man unter Qualitätsmanagement?

Aufgabe 14

Welche Unterlagen sind für die Zertifizierung eines Unternehmens durch eine unabhängige Stelle nötig?

Aufgabe 15

Welche Vorteile bietet ein Qualitätsmanagementsystem?

Aufgabe 16
Welche Quellen hat Feinstaub in Städten?

Aufgabe 17
Wie lässt sich Feinstaub verringern?

Aufgabe 18
Wie lässt sich Ressourcenschonung betreiben?

Aufgabe 19
Wie lässt sich Altholz wiederverwerten?

Aufgabe 20
Wie lässt sich Altöl wiederverwerten?

Aufgabe 21
Welche Möglichkeiten hat der Staat zur Verhaltenssteuerung in Betrieben?

Aufgabe 22
Welche Möglichkeiten hat der Staat zur Verhaltenssteuerung in Privathaushalten?

Aufgabe 23
Welche Inhalte muss eine Betriebsanweisung gemäß § 14 GefStoffV enthalten?

Aufgabe 24
Was ist eine Emission?

Aufgabe 25
Was ist eine Immission?

Aufgabe 26
Welche Folgen haben grobe Verstöße gegen die Sicherheitspflichten beim Umgang mit Gefahrstoffen?

Aufgabe 27
Was bedeuten die TOP-Regeln im Umgang mit Gefahrstoffen?

Aufgabe 28
Welche Hierarchie weist das Kreislaufwirtschaftsabfallgesetz auf?

Aufgabe 29
Welche Daten enthält das Verbandsbuch?

Aufgabe 30
Was versteht man unter „Entwurfsqualität"?

Aufgabe 31
Was versteht man unter „Planungsqualität"?

Aufgabe 32
Was versteht man unter „Fertigungsqualität"?

Aufgabe 33

Welche Schritte sind bei der Wareneingangskontrolle zu durchlaufen?

Aufgabe 34

Welche Umweltschutzzertifizierungen lassen sich unterscheiden?

Produktionswirtschaft

Aufgabe 1
Welche Folgen kann ein Verschleiß von Produktionsanlagen haben?

Aufgabe 2
Welche Aufgaben hat die Anlagenüberwachung?

Aufgabe 3
Was ist die Qualitätsplanung?

Aufgabe 4
Was ist die Qualitätssteuerung?

Aufgabe 5
Wie wird die Verwertung von Arbeitnehmererfindungen in Dienstverträgen üblicherweise geregelt?

Aufgabe 6
Erläutern Sie produkt- und verfahrensorientierte Maßnahmen zur Rationalisierung!

Aufgabe 7
Welche Strategien lassen sich im Rahmen der Instandhaltung unterscheiden und wie unterscheiden sich diese?

Aufgabe 8

Nennen Sie Beispiele für Konflikte bei der Betriebsmittelplanung!

Aufgabe 9

Welche Aufgaben übernimmt die Fertigungskontrolle vor Abschluss der Fertigung? Nennen Sie Beispiele.

Aufgabe 10

Was ist ein Öko-Audit?

Aufgabe 11

Welche Vor- und Nachteile entstehen durch Öko-Audits?

Aufgabe 12

Welche möglichen Arten der Produktgestaltung lassen sich unterscheiden?

Aufgabe 13

Was versteht man unter Wandelung und Minderung?

Aufgabe 14

Was sind Kulanz und Rückrufaktion?

Aufgabe 15

Welche Schritte durchläuft der idealtypische Werdegang eines Produkts?

Aufgabe 16
Welche Stücklistenarten lassen sich unterscheiden?

Aufgabe 17
Welche Aufgaben hat die Fertigungsprogrammplanung?

Aufgabe 18
Wie lassen sich Fertigungsverfahren untergliedern?

Aufgabe 19
Was versteht man unter Arbeitsstrukturierung?

Aufgabe 20
Welche Kapazitätsbegriffe lassen sich unterscheiden?

Aufgabe 21
Welche Ziele hat die Fertigungssicherung und welche Subziele bestehen?

Aufgabe 22
Welche produktorientierten Maßnahmen der Rationalisierung lassen sich unterscheiden?

Aufgabe 23
Welche verfahrensorientierten Maßnahmen der Rationalisierung lassen sich unterscheiden?

Aufgabe 24

Welche Ziele hat die Personalplanung?

Aufgabe 25

Was ist ein Zeitlohn?

Aufgabe 26

Was ist ein Akkordlohn?

Aufgabe 27

Was ist ein Prämienlohn?

Aufgabe 28

Was gehört zur Wartung?

Aufgabe 29

Nennen Sie Beispiele für Kennzahlen zur betriebswirtschaftlichen Steuerung der Fertigung!

Aufgabe 30

Nennen Sie Möglichkeiten, wie Einsparungspotenziale in der Fertigung ermittelt werden können!

Aufgabe 31

Was bedeutet FMEA?

Aufgabe 32

Welche Einsatzbereiche für die FMEA lassen sich unterscheiden?

Aufgabe 33

In der Fertigungsprogrammplanung unterscheidet man zwischen langfristiger mittelfristiger und kurzfristiger Planung. Bitte beschreiben Sie die charakteristischen Merkmale der langfristigen Fertigungsprogrammplanung.

Aufgabe 34

Nennen Sie die üblichen Unterscheidungskriterien bei der kurzfristigen Programmplanung und beschreiben sie diese.

Aufgabe 35

Benennen Sie die Vor- und Nachteile der Fließfertigung.

Aufgabe 36

Die Fertigungsverfahren lassen sich neben dem Organisationstyp auch in verschiedene Fertigungstypen einteilen. Nennen Sie die typischen Merkmale der Einzelfertigung.

Aufgabe 37

Welche grundlegenden Anforderungen werden an die Gestaltung von Arbeitsmitteln gestellt?

Aufgabe 38

Erläutern Sie die deterministische Bedarfsermittlung!

Aufgabe 39

Erläutern Sie die stochastische Bedarfsermittlung!

Aufgabe 40

Welche Nachteile hat die stochastische Bedarfsermittlung?

Aufgabe 41

Ein Unternehmen benötigt 3000 Stück eines Produktes für die eigene Produktion pro Tag. Die Beschaffungszeit beträgt sechs Tage, der Sicherheitsbestand soll zwölf Tage umfassen. Bei welchem Bestand muss eine Bestellung beim Bestellpunktverfahren erfolgen?

Aufgabe 42

Was bedeutet die feste Lagerplatzzuordnung und welche Vor- und Nachteile hat sie?

Aufgabe 43

Was bedeutet die freie Lagerplatzzuordnung und welche Vor- und Nachteile hat sie?

Aufgabe 44

Was versteht man unter Rückwärtsterminierungen?

Aufgabe 45

Was versteht man unter Vorwärtsterminierungen?

Aufgabe 46

Benennen Sie die typischen Merkmale der Fließfertigung.

Aufgabe 47

Nennen Sie die Hauptzyklen im Produktentstehungsprozess und beschreiben Sie diese kurz.

Aufgabe 48

Stellen Sie die Vorteile der Gruppenfertigung gegenüber der Werkstattfertigung und gegenüber der Fließfertigung heraus.

Aufgabe 49

Die Fertigungsverfahren lassen sich neben dem Organisationstyp auch in verschiedene Fertigungstypen einteilen. Nennen Sie die typischen Merkmale der Einzelfertigung.

Aufgabe 50

Welche grundlegenden Anforderungen werden an die Gestaltung von Arbeitsmitteln gestellt?

Aufgabe 51

Was versteht man unter einer Mensch-Maschine-Schnittstelle?

Aufgabe 52

Zur Fertigungssteuerung gehört u. a. auch der Bereich der Arbeitsstrukturierung, wo verschiedene Konzepte zur Anwendung kommen. Erläutern Sie bitte das Konzept des Job-Enlargements.

Aufgabe 53

Es gibt ein Konzept zur Arbeitsstrukturierung, dass die Grundgedanken des Job-Enlargements, Job-Enrichments und der Job-Rotation aufgreift und zusammenfasst. Nennen und beschreiben Sie dieses Konzept.

Aufgabe 54

Beschreiben Sie die Funktion eines Fertigungsauftrages.

Aufgabe 55

Wie können Fertigungsaufträge prinzipiell unterschieden werden?

Aufgabe 56

In der Termin- und Kapazitätsplanung erfolgt die Planung in verschiedenen Stufen. Nennen Sie die Stufen und deren charakteristischen Merkmale.

Aufgabe 57

Welche Maßnahmen können ergriffen werden, falls ein Plan-Starttermin oder ein Plan-Fertigstellungstermin eines Auftrages in der Vergangenheit liegt?

Aufgabe 58

Welche Möglichkeiten bietet der Einsatz eines Manufactoring Execution Systems (MES) bei der Fertigungsüberwachung?

Aufgabe 59

Bei der Störungsbeseitigung unterscheidet man zwischen kurzfristigen und langfristigen Maßnahmen. Erläutern Sie bitte die kurzfristige Störungsbeseitigung.

Aufgabe 60

Beschreiben Sie die Aufgaben eines Arbeitsplans und die für den Arbeitsplan benötigten Angaben.

Aufgabe 61

In der Termin- und Kapazitätsplanung treten häufig mehr oder weniger große Diskrepanzen zwischen dem Kapazitätsangebot und dem Kapazitätsbedarf auf, was eine Kapazitätsabstimmung nötig macht. Nennen Sie die prinzipiellen Möglichkeiten der Kapazitätsabstimmung.

Aufgabe 62

Die Bereitstellung der betrieblichen Produktionsfaktoren gehört zu den grundlegenden Voraussetzungen eines Unternehmens. Wie erfolgt die Gliederung der betrieblichen Produktionsfaktoren nach Gutenberg?

Aufgabe 63

Beschreiben Sie die langfristige Störungsbeseitigung.

Aufgabe 64

Eine funktionierende Materialflussplanung bedingt auch einen optimierten Materialfluss. Nennen Sie die Ziele eines optimierten Materialflusses?

Aufgabe 65

Welche grundlegende Zielsetzung verfolgt eine Rationalisierung?

Aufgabe 66

Bei der Rationalisierung unterscheidet man zwischen zwei Maßnahmen. Beschreiben Sie die Maßnahme der produktorientierten Rationalisierung.

Aufgabe 67

Was versteht man unter dem Kontinuierlichen Verbesserungsprozess (KVP)?

Aufgabe 68

Beschreiben Sie den Grundgedanken des Computer Integrated Manufactoring (CIM).

Aufgabe 69

Was ist ein CAD-System und wofür wird es eingesetzt?

Aufgabe 70

Die Personalbedarfsplanung ist ein Teilgebiet der Personalplanung. Welche Arten des Personalbedarfs kennen Sie?

Aufgabe 71

Welche Aufgaben und Ziele werden mit der Personalentwicklungsplanung verfolgt?

Aufgabe 72

Wie auch in der allgemeinen Personalplanung lassen sich in der Personalentwicklungsplanung drei Planungshorizonte unterscheiden. Nennen Sie die Planungshorizonte und beschreiben sie kurz.

Aufgabe 73

Was versteht man unter der absoluten und der relativen Lohnhöhe?

Aufgabe 74

Verschiedene Kriterien können bei der gerechten Entlohnung eine Rolle spielen. Stellen Sie heraus wann man von einer sozialgerechten Entlohnung und wann man von einer qualifikationsgerechten Entlohnung spricht.

Aufgabe 75

Beschreiben Sie die Lohnform Zeitlohn.

Aufgabe 76

Schildern Sie den Vorgang zur Ermittlung des Akkordlohns.

Aufgabe 77

Welche Strategien werden in der heutigen modernen Instandhaltung genutzt?

Aufgabe 78

Nennen Sie bitte die Aufgaben der Betriebsmittelplanung.

Aufgabe 79

Zur Anlagenüberwachung gehört u. a. auch die Instandhaltung. Welche Ziele werden mit der Instandhaltung verfolgt?

Aufgabe 80

Ein wichtiger Bestandteil der Betriebsmittelplanung ist die Festlegung der Betriebsmittelparameter. Beschreiben Sie die Betriebsmittelparameter technische Verfügbarkeit und Arbeitszeitmodell.

Aufgabe 81

Welche Funktion hat die Materialbedarfsplanung und wie kann sie unterschieden werden?

Aufgabe 82

Beschreiben Sie die verbrauchsorientierte Bedarfsplanung und erklären Sie wann sie angewandt wird.

Aufgabe 83

Nennen Sie die vorrangigen Ziele der Fertigungskontrolle.

Aufgabe 84

Im Rahmen der Fertigungskontrolle ist auch von Gewährleistung die Rede. Was bedeutet eigentlich Gewährleistung? Geben Sie einen kurzen Überblick.

Aufgabe 85

Ein zentraler Begriff der Zeitwirtschaft ist die Durchlaufzeit. Erläutern Sie, wie sich die Durchlaufzeit unterscheiden lässt.

Aufgabe 86

Wie bezeichnet man die Verfahren zur Ermittlung der Vorgabezeit aufgrund vorbestimmter Bewegungszeiten? Nennen und beschreiben Sie diese Verfahren.

Aufgabe 87

Bei der Herstellung von Produkten werden Stoffströme in unserer Umwelt in Bewegung gesetzt. Welche Maßnahmen zur Steuerung der Stoffströme kennen Sie? Gehen Sie kurz auf die Maßnahmen ein.

Aufgabe 88

Zu den Rechtsgrundlagen in der Produktionswirtschaft gehört auch der Rechtsschutz für Erzeugnisse. Erläutern Sie Sinn und Zweck dieses Schutzinstrumentes.

Aufgabe 89

Erläutern Sie den Unterschied zwischen „Diensterfindungen" und „freien Erfindungen".

Aufgabe 90

Schildern Sie unter welchen Umständen ein Hersteller von der Haftung befreit werden kann.

Aufgabe 91

Nennen Sie die wesentlichen Ziele die das Arbeitszeitgesetz (ArbZG) verfolgt.

Aufgabe 92

Zeigen Sie auf, welche Personen vom Arbeitszeitgesetz (ArbZG) ausgenommen sind.

Lösungen zu Führung und Zusammenarbeit

1. A
2. D
3. C
4. C
5. D

6. A
Milchkühe können nicht mehr ausgebaut werden, sondern nur noch erhalten oder geerntet werden

7. C
Wareneinsatz = 20.000 Stück á 800 € = 16 Mio. €
Rohgewinn = 30 Mio. € - 16 Mio. € = 14 Mio. €

8. B
Wareneinsatz = 20.000 Stück á 800 € = 16 Mio. €
Rohgewinn = 30 Mio. € - 16 Mio. € = 14 Mio. €
Handelsspanne = 14 Mio. € / 30 Mio. € = 46,7%

9. B
10. B
11. A
12. A
13. B
14. A
15. D
16. C
17. D
18. C
19. B
20. A

21. B

22. Unternehmungen sind Organisationen, Unternehmungen haben eine Organisation, Unternehmungen werden organisiert

23. Organisationen sind zielgerichtete Systeme, Unternehmen sind ebenfalls soziale Gebilde mit Zielausrichtung und somit im engeren Sinne eine Organisation

24. Prinzipien der Organisation: Teilung und Einung (Teilung der Hauptaufgabe in Teilaufgaben und Arbeitsvorgänge); Instrument: Koordination ist das grundsätzliche Prinzip für eine erfolgreiche Organisation

25. Formal: Struktur, die durch die Unternehmung bewusst geschaffen wurde und an der sich alle orientieren können; Informale: Nicht offensichtlich sichtbare, soziale Strukturen, die durch Ziele, Vorstellungen und Sympathien geprägt sind

26. Wiederholbarkeit, Vorhersehbarkeit, Aufgabenträger

27.
- ⇨ Funktionsplanung – Aufgabendefinition, Beteiligung der fachlichen Stellen prüfen
- ⇨ Planung des Ortes- Wo fallen die Aufgaben an
- ⇨ Kostenplanung- Ressourcenmanagement
- ⇨ Zeitplanung- Dauer der Abläufe planen, Endtermine setzen
- ⇨ Ergonomie- Schaffung möglichst geringer Arbeitnehmerbelastungen

28.
- ⇨ Minimierung der Bearbeitungs- und Produktionszeiten
- ⇨ Optimale Kapazitätsauslastung
- ⇨ Soziale Komponenten für Mitarbeiter schaffen
- ⇨ Minimierung der Kosten

29. Erfassung der Zeit, Daten müssen aufgearbeitet werden können für die Entlohnung und in der Personalabteilung zur Verfügung stehen, Fähigkeit zur Ermittlung von Sollzeiten

30.
- ⇨ Organisationsschaubild, das die Aufbauorganisation des Unternehmens darstellt
- ⇨ Vertikal: Abbildung der Hierarchie einer Organisation
- ⇨ Horizontal: Abbildung der Abteilungen und Bereiche

31.
- ⇨ Stellenbeschreibung
- ⇨ Dienstgrad
- ⇨ Unterstellung
- ⇨ Weisungsbefugte
- ⇨ Zielvereinbarung
- ⇨ Stellvertretung
- ⇨ Aufgabenbereiche
- ⇨ Verantwortungen/Befugnisse

32.
- ⇨ Organisationseinheit: enthält die Angabe der Aufgabe, der aufgabenerfüllenden Menschen und der benötigten Mittel
- ⇨ Stelle: kleinste organisatorisch zu definierende Organisationseinheit
- ⇨ Arbeitsplatz: Aufgabenerfüllung durch eine Person

33.
- ⇨ Vereinbarkeit der Ober- und Unterziele
- ⇨ Zielvorgabe muss klar, exakt, deutlich, realistisch, flexibel sein
- ⇨ Einbeziehung der Mitarbeiter in die Zielvereinbarung
- ⇨ Kontrolle der Ziele

34.
- ⇨ Motivationsprobleme bei Vereinbarung von unrealistischen Zielen
- ⇨ Zu starre Kontrolle und Fixierung auf Vereinbarungen
- ⇨ Ausschluss von kreativem Entwicklungspotenzial

35.
- ⇨ Innere Motivation: persönlicher Lern-, bzw. Leistungswille
- ⇨ Äußere Motivation: Anreizsetzung durch Vorgesetzten: Sozialanreize,
- ⇨ Lohnanreize

36.
- ⇨ Einliniensystem: Weisungsempfang nur von einer übergeordneten Organisationseinheit
- ⇨ Mehrliniensystem: Organisationseinheit wird von zwei oder mehreren übergeordneten Organisationseinheiten geleitet

37. Aus der Idee der Kombination von funktionaler Organisation und Geschäftsbereichsorganisation

38. Vorteile: Konzentration auf enges Aufgabenfeld, Förderung der Gruppenarbeit, Trennung fachlicher und hierarchischer Kompetenzen
Nachteile: Konflikte durch Machtansprüche und aufeinandertreffender Kompetenzen, träge Entscheidungsfindung, aufwendige Kommunikation

39. Gleichartige Gruppierungen von Produkten und Dienstleistungen mit bestimmter Zielgruppe; Einheiten mit spezieller Aufgabe oder Spezialisierung, die Wettbewerbsvorteile gewährleisten

40.
 ⇨ Charismatischer Führungsstil
 ⇨ Patriarchalischer Führungsstil
 ⇨ Autokratischer Führungsstil
 ⇨ Kooperativer Führungsstil
 ⇨ Bürokratischer Führungsstil

41. Aufgabe, in einer systematischen Analyse eine vergangenheitsbezogene quantitative und qualitative Beurteilung und eine zukunftsbezogene Abklärung des Leistungspotenzials vorzunehmen

42.
 ⇨ Allgemeine und langfristig wirksame Entscheide, die das Verhalten des Unternehmens bestimmen
 ⇨ Unternehmenspolitik legt fest: oberstes Zielsystem, Leistungspotenzial, Unternehmensstrategie intern und extern, Einstellungen, Werte

43.
 ⇨ Optimale Nutzung der Ressourcen
 ⇨ Aktive Pflege der Wissensbasis
 ⇨ Kontrolle und Steuerung der Wissensarbeiter
 ⇨ Förderung des Wandlungsprozesses von implizites zum expliziten Wissen

44.
 ⇨ Ziele und Erwartungen formulieren
 ⇨ Erteilung von Anweisungen
 ⇨ Rückmeldungen empfangen und auswerten, Bedürfnisse ermitteln
 ⇨ Motivationsfunktion, Anreizsetzung

45.
 ⇨ Unternehmensbedürfnisse: optimale Versorgung mit geeigneten Mitarbeitern
 ⇨ Mitarbeiterbedürfnisse: Gerechte Entlohnung bei guten Arbeitsbedingungen

46.
 ⇨ Planung des Personalbedarfs
 ⇨ Personalbeschaffung
 ⇨ Personaleinsatz
 ⇨ Freisetzung von Personal

⇨ Personalentwicklung
⇨ Personalführung
⇨ Personalentlohnung
⇨ Personalorganisation
⇨ Personalbeurteilung

47.
⇨ Arbeiter: vorrangig körperliche Arbeiten
⇨ Angestellte: hauptsächlich geistige Arbeit
⇨ Leitende Angestellte: besitzen bestimmte Vollmachten, Übertragung von Arbeiten mit hoher Verantwortung

48.
⇨ Hauptziel: Wirtschaftlichkeit, Sozialziele
⇨ Nebenziele: Deckung des erforderlichen Mitarbeiterbedarfs in Quantität, Qualität, Zeit und Ort, Steigerung der Arbeitsleistung

49.
⇨ Personalpolitik: Formulierung von Unternehmenskultur, Unternehmensethik, Unternehmensidentität
⇨ Bereiche: Mitarbeiterführung, Mitbestimmung, Qualifizierung, Selbstverwirklichung, Wertschätzung

50.
⇨ BGB: Basis des Arbeitsvertragsrechts
⇨ HGB: Rechtliche Verhältnisse der kaufmännischen Angestellten im Handelsgewerbe
⇨ Tarifverträge: schuldrechtliche Verträge zwischen Arbeitgeber und Arbeitnehmerverbänden
⇨ Betriebsvereinbarungen: innerbetriebliche Vereinbarungen, die alle Arbeitsverhältnisse umfassen

51.
⇨ Arbeitsverhältnis beschreibt das Rechtsverhältnis zwischen Arbeitgeber und Arbeitnehmer
⇨ Arbeitsvertrag: Form des Dienstvertrages, der im BGB geregelt ist

52.
- ⇨ Soziale Angelegenheiten
- ⇨ Elemente:
  - o Betriebsordnung
  - o Arbeitszeit- und Pausenregelungen
  - o Aufstellung des Urlaubsplanes
  - o Regelungen zur Verhütung von Arbeitsunfällen
  - o Sozialeinrichtungen des Betriebes (Kantine)

53.
1. Instanz: Arbeitsgericht
2. Instanz: Landesarbeitsgericht
3. Instanz: Bundesarbeitsgericht

54.
- ⇨ Personalbestand ist Ausgangspunkt für die Planung
- ⇨ Unterteilung in quantitative und qualitative Personalbedarfsplanung

55.
- ⇨ Faktor: Gesamtwirtschaftliche Entwicklung; Auswirkungen: Absatzveränderungen des Unternehmens
- ⇨ Faktor: Arbeitsrechtsänderungen; Auswirkungen: Arbeitszeitregelungen der Arbeitnehmer
- ⇨ Faktor: Technologie; Auswirkungen: Nutzung veränderter Produktionstechnologien

56.
- ⇨ Bedarf aller Personen zur Leistungserstellung
- ⇨ Zusammensetzung aus Einsatzbedarf und Reservebedarf

57.
- ⇨ Ersatzbedarf: Anzahl der Mitarbeiter, die zusätzlich zum Ablauf des
- ⇨ Geschäftsjahres eingestellt werden müssen, um den Personalbestand zum Beginn des neuen Geschäftsjahres zu sichern
- ⇨ Berechnung: Ersatzbedarf= Voraussichtliche Abgänge – Voraussichtliche Zugänge

58.
- ⇨ Zeitraum: 3-5 Jahre
- ⇨ Berücksichtigung der technischen und organisatorischen Veränderungen in Verwaltung und Produktion
- ⇨ Planung unter Beachtung der geltenden Arbeits- und Sozialgesetze

59.
- ⇨ Schätzungen
- ⇨ Monetäre Verfahren
- ⇨ Personalbemessungsmethoden
- ⇨ Organisatorische Verfahren
- ⇨ Statistische Verfahren

60.
- ⇨ Stellenplanmethode
- ⇨ Arbeitsplatzmethode

61.
- ⇨ Personalstatistik- Personalbestand
- ⇨ Altersstatistik: Altersstruktur
- ⇨ Fluktuationsstatistik: Personalabgänge und Gründe

62.
- ⇨ Bedarfsdeckung ohne Umsetzung: Mehrarbeit, Überstunden,
- ⇨ Urlaubsverschiebung, Arbeitszeitverlängerung, Qualifizierung, Umschulung
- ⇨ Bedarfsdeckung mit Personalbewegung: Versetzung durch Änderungsvertrag, Innerbetriebliche Neubesetzung, Personalentwicklung

63.
- ⇨ Aktive Beschaffung durch Stellenanzeige, Internetnutzung, Personalberater, Öffentlichkeitsarbeit
- ⇨ Passive Beschaffung durch Arbeitsverwaltung, Bewerberkartei

64.
- ⇨ Einstellungsdatum, Probezeit, Arbeitszeit, Urlaubsregelungen, Kündigungsfristen
- ⇨ Art der Tätigkeit, Vollmachten, Verpflichtungen zur Mehrarbeit,

Versetzungsvorbehalte
- ⇨ Entlohnung, Auszahlung der Entlohnung, Zusatzlohn, Erfolgsbeteiligung, Altersversorgung
- ⇨ Nebentätigkeiten, Schweigepflichten

65.
- ⇨ Bestimmung der beschäftigten Personen zu den einzelnen Stellen
- ⇨ Unternehmensbezogenes Ziel: Optimale Kosten- Leistungsrelation
- ⇨ Mitarbeiterbezogenes Ziel: Einsatz nach Fähigkeiten, Interessen, Bedürfnissen

66.
- ⇨ Stelle: Summe der Teilaufgaben, die dem Leistungsvermögen eines Aufgabenträgers entspricht, Stellenbildung ist unabhängig von einer Person, kleinste Organisationseinheit, auf Dauer angelegt
- ⇨ Stellenplan: Summe aller im Unternehmen gebildeten Stellen

67.
- ⇨ Gestaltung des Arbeitsplatzes
- ⇨ Beschäftigungsverbote während der Schwangerschaft
- ⇨ Regelungen zur Mehrarbeit, Nachtschichten
- ⇨ Besonderer Kündigungsschutz

68. Qualifizierung aller Mitarbeiter für gegenwärtige und zukünftige Aufgaben und Herausforderungen

69.
- ⇨ Formulierung der Entwicklungsziele
- ⇨ Feststellung des Entwicklungsbedarfs
- ⇨ Bedarfsdeckung
- ⇨ Kontrolle über die Erreichung der Ziele

70.
- ⇨ Individuell: Berufsausbildung, Berufliche Fortbildung, Berufliche Umschulung
- ⇨ Kollektiv: Unternehmensentwicklung, Organisationsentwicklung, Unternehmenskultur

71.
⇨ Steigerung von Entfaltungs- und Entwicklungspotenzial
⇨ Verbesserter Entscheidungsspielraum
⇨ Erhöhte Mitbestimmungsrechte

72.
⇨ Aktive oder passive Methoden
⇨ Methoden für einzelne Arbeitnehmer oder für Gruppen
⇨ Interne oder externe Methoden
⇨ Methoden am Arbeitsplatz oder außerhalb des Arbeitsplatzes

73. Vermeidung und Beseitigung personeller Überkapazitäten bezogen auf zeitliche, örtliche, qualitative und quantitative Hinsicht

74.
⇨ Unternehmensinterne Ursachen: steigender Einsatz von Informationstechnologien zu Lasten der menschlichen Arbeit, Rationalisierungsprozesse
⇨ Unternehmensexterne Ursachen: Veränderte Umweltbedingungen, Absatzrückgang, Konjunkturelle Schwankungen

75.
- Vereinbarung befristeter Arbeitsverträge aufgrund unsicherer Absatzsituation als kurzfristige Abbaureserve
- Ständige Unterauslastung des Personalbestandes

76. Leistungsfähigkeit wird erheblich durch gesundheitliche Einschränkungen gemindert, Vorhandensein einer langfristigen Dauererkrankung, häufige krankheitsbedingte Fehlzeiten

Lösungen zu Absatz

1. B
2. A
3. D
4. C
5. D
6. C
7. A
8. B

9. D
Da viele Aufgaben abgenommen werden, ist Franchising teurer als Eigengründungen.

10. B
Die Servicequalität in einem Warenhaus ist üblicherweise sehr hoch.

11. D
Der Verkauf in einem Discounter erfolgt per Selbstbedienung.

12. C
13. D
14. D
15. C

16. B
- variable Stückkosten: 25,20 € / 42 = 0,6
- Stückdeckungsbeitrag: 1,50 € - 0,6 € = 0,9 €
- Fixkosten: 490 € + 770 € = 1260 €
- Break-even-Menge: Kf/DB 1260/0,9 = 1400 Stk.

17. D
- variable Stückkosten : 25,20 € / 42 = 0,6
- Stückdeckungsbeitrag : 1,50 € - 0,6 € = 0,9 €
- Fixkosten: 490 € + 770 € = 1260 €
- Break-even-Menge: Kf/DB 1260/0,9 = 1400 Stk.
- Break-even- Umsatz 1400 Stk. * 1,5 €/Stk = 2.100 €

18. C
Erfolgsbeitrag des Marktes EB = 5 000 • (1,50 €/Stck - 0,60 €/Stck) - 1 260 € = 3 240 €

19. C
x (1,35 € - 0,6 €) - 1260 € = 3240 €
x = 6000 Stk.

6000/5000 = 1,2   -> Steigerung von 20%

20.   C
1260 € / (1,35 €/Stk. – 0,85 €/Stk) = 2520 Stk.

21.   A
(1,35 €/Stk. – 0,85 €/Stk.) * 5250 – 1260 € = 1365 €

22.   D

Text	Betrag in €	var. Kosten-kv/Erlöse in € /l anteil in %		KF in €
Umsatzerlöse	180.000		9	
Materialkosten	21.000	100	1,05	
Löhne	4.000	100	0,2	
Fertigungsgemeink.	25.000	60	0,75	10.000
Verwaltungsgemeink.	10.000	0		10.000
Vertriebsgemeink.	80.000	80	3,2	16.000
Selbstkosten	140.000		5,2	36.000
Ergebnis des Umsatzes	40.000		2	

Ermittlung der Gewinnschwellenmenge (Break-Even-Point)
BEP = Kf/db
36.000 / (9 – 5,2) = 9.474 l

23.   A
Umsatz je l: 18.000 €/20.000 l = 9€
DB je l: 9 € - 5,2 l = 3,8 l
25.000 + 36.000 / 3,8 = 16.053 l

24.   C
Kv = 5,2 €/l * 1,1 = 5,72
25.000 € + 36.000 € = (9p – 5,72€) * 16053
p = 1,057
Der Preis muss um 5,7 % erhöht werden.
   Damit muss der Preis um 0,52 € auf 9,52 € steigen.

25.   D
(p – kv) * 400 – 20.000 = 0
(p – 160 €) * 400 – 20.000 € = 0
p = 210 €

26. B

A	Zelte	Iglus
Erlöse	1375.000 €	940.000 €
- variable Gemeinkosten (20 % der Gemeinkosten)	- 118.170 €	- 101.660 €
- Einzelkosten	- 650.000 €	- 460.000 €
= Deckungsbeitrag insgesamt	606.830 €	378.340 €
÷ Anzahl der Iglus/Zelte	242,73 €	75,67 €

Berechnung der variablen Gemeinkosten bei den Zelten:
(39.000 € + 390.000 € + 161.850 €) * 0,2 = 118.170 €

27. C
DBU   (45,00 €/St. : 150,00 €/St.) • 100 = 30 %

28. C

	€/Paar
Listeneinkaufspreis	90,00
- 3 % Lieferrabatt	2,70
= Zieleinkaufspreis	87,30
- 2,5 % Liefererskonto	2,18
= Bareinkaufspreis	85,12
+ Bezugskosten	3,90
= Einstandspreis	89,02
+ variable Handlungskosten	15,98
= variable Kosten	105,00
Nettoangebotspreis	150,00
- variable Kosten	105,00
= Deckungsbeitrag	45,00

29. A
Gewinnschwellenmenge: 95.310,00 € : 45,00 €/Paar = 2118 Paar
Bei der Gewinnschwellenmenge von 2118 Paar werden alle fixen und variablen Kosten gedeckt.
Der Gewinn ist gleich Null.
Bei einer Erhöhung der Produktion über die Gewinnschwellenmenge entsteht ein Gewinn.

30. D
139,00 €/Paar - 105,00 €/Paar = 34,00 €/Paar neuer Deckungsbeitrag
((45,00 €/Paar - 34,00€/Paar) : 34,00 €/Paar) • 4.800 Paar = 1553 Paar notwendige Mengenerhöhung
Hinweis: Auch andere Rechenwege sind möglich.

31. B
Umsatz 742.920 €
variable Kosten des Umsatzes 77.500 € (226.200/7.800 =
29 €; 29 € + 21 € = 50 €; 7.550 Paar à 50,00 €)
Deckungsbeitrag 365.420 €
Fixkosten 323.420 € (413.400
€ – 21 € * 7800 Stk. + 73.820 €)
Betriebsergebnis 42.000 €

32. B
33. C
34. A
35. B
36. D
37. B
38. A
39. B
40. B
41. C
42. B
43. A
44. A
45. D
46. D

47. A
Ausschöpfung des Marktpotenzials = (500 + 1000) / 2.000 = 75%

48. B
Marktanteil = 500 / (500 + 1000) = 33%

49. C
Informationen über Vertriebsstrukturen betreffen die Distributionsanalyse

50. D
51. B
52. C
53. D
54. D
55. C

56. A
Das Panelverfahren ist eine Erhebungsart, kein Auswahlverfahren

57. B

58. C
Zinsen: 9% von 7.500.000 € (5 Mio. € + 2,5 Mio. €): 675.000 € / Jahr
sonstige Fixkosten 4.325.000 € / Jahr
gesamte Fixkosten 5.000.000 € / Jahr
Fixkostenverrechnungssatz (5 Mio. € : 50.000 Std.) 100 € / Stunde

Kalkulation	Typ A	Typ B	Typ C	Typ D
Grenzkosten (= var. Kosten)	120	180	60	60
Solldeckungsbeitr.	500	200	300	100
Mindestpreisvorschlag:	620	380	360	160

59. A
Traditionsbewusstsein ist ein Verhaltsmerkmal

60. C
Region ist ein geografisches Merkmal

61. A
Kaufkraft zählt zu den Standortfaktoren des Absatzes

62. D
Fremdleistungen zählen zu den Standortfaktoren der Beschaffung

63. D

Aufgabe 1

Folgende Schritte werden in der Regel durchlaufen:

1. Marktforschung und Umfeldanalyse: der Sachverhalt wird im Rahmen der Marktforschung analysiert.

2. Zielformulierung: aus den Ergebnissen der Marktforschung werden die Ziele für das Marketing identifiziert und formuliert.

3. Strategiefestlegung: die für die Erreichung des Zieles gewählte Strategie wird ausgewählt.

4. Marketing-Mix: der geeignete Marketing-Mix wird festgelegt.

Marketingcontrolling: der Marketing-Mix wird hinsichtlich der Zielerreichung überwacht.

Aufgabe 2

Marketingziele sind die angestrebten zukünftigen Zustände, die durch Entscheidungen erreicht werden sollen. Aus den Marketzingzielen werden die Marketingstrategien entwickelt und aus diesen die operative Umsetzung im Rahmen des Marketing-Mix.

Aufgabe 3

Während operative Marketingziele kurzfristig erzielbar sind, stellen strategische Marketingziel langfristige Ziele dar.

Aufgabe 4

Strategische Marketingziele sind beispielsweise:

- Beispiele für Marktdurchdringung:

    o Erhöhtes Cross-Selling, um bestehende Kunden weiter zu binden,

    o Neukundengewinnung,

    o Abwerbung von Kunden von Mitbewerbern.

- Beispiele für die Markterschließung:

    o Erschließung neuer Absatzgebiete oder neuer Verwendungsbereiche,

    o Erweiterung des Produktsortiments,

    o Angebot an neue Zielgruppen.

Aufgabe 5

Typische operative Marketingziele sind beispielsweise

- Umsatz
- Deckungsbeitrag
- Absatz
- Preise und
- Marktanteile.

Diese Ziele werden abgeleitet aus den unternehmerischen Oberzielen, die beispielsweise Rentabilitätsziele sein können.

Aufgabe 6

Marketingstrategien beinhalten langfristige, globale Verhaltenspläne zur Erreichung der Marketingziele eines Unternehmens.

Aufgabe 7

Unter der Marktsegmentierung versteht man die die Aufteilung eines Gesamtmarktes in Untergruppen. Dabei ist der Anspruch zu stellen, dass die Untergruppen bezüglich ihrer Marktreaktion intern homogen und untereinander heterogen reagieren.

Aufgabe 8

Die Marktsegmentierung besteht aus folgenden Schritten:

1. Markterfassung,
2. Marktaufteilung und
3. Marktbearbeitung

Nach der Marktbearbeitung wird das Marktsegment mit den geeigneten Marketinginstrumenten bearbeitet.

Aufgabe 9

Unter einer Wettbewerbsstrategie versteht man eine am Wettbewerber orientierte Geschäftspolitik, wobei man versucht, die Branchenposition zu verbessern. Typische Instrumente sind:

- die Kostenführerschaft oder
- die Differenzierung.

Bei der Kostenführerschaft versucht das Unternehmen, der kostengünstigste Anbieter einer Branche zu werden. Bei der Differenzierung versucht man hingegen, sich mit seinen Produkten gegenüber dem Wettbewerb zu differenzieren.

Aufgabe 10

Unter dem Produktlebenszyklus versteht man den Prozess zwischen der Markteinführung bzw. Fertigstellung eines marktfähigen Gutes und seiner Herausnahme aus dem Markt. Man unterteilt dabei das „Leben" des Produktes in folgende vier Phasen:

- Entwicklung und Einführung,
- Wachstum,
- Reife/Sättigung und
- Schrumpfung/Degeneration mit anschließender Produktelimination.

Aufgabe 11

Die Portfolio-Analyse stammt aus der Finanzwirtschaft und wurde ursprünglich für die Ermittlung des optimalen Portfolios geschaffen.

Die Boston Consulting Group (BCG) hat hieraus das Marktwachstum-Marktanteil-Portfolio entwickelt, das anhand der Kriterien Marktwachstum und Marktanteil die Geschäftseinheiten eines Unternehmens einordnet. Folgende Empfehlungen bestehen für die vier Felder der Matrix:

- Cash-cows: Gewinne abschöpfen
- Stars: Marktanteil halten oder ausbauen
- Fragezeichen: bei hohem Wachstum ist der Marktanteil noch niedrig. Hier liegen die Zukunftshoffnungen des Unternehmens
- Arme Hunde: Marktanteil senken oder Geschäftseinheit veräußern

Aufgabe 12

1. der brancheninterne Wettbewerb
2. Verhandlungsmacht der Abnehmer
3. Verhandlungsmacht der Lieferanten
4. Bedrohung durch Ersatzprodukte
5. Bedrohung durch neue Anbieter

Aufgabe 13

Ziel der Konkurrenzanalyse ist es, mittels der Informationen über die Konkurrenten eine Abgrenzung zu diesen zu erreichen. Indem man die relevanten Informationen über die Konkurrenten beschafft und auswertet, soll ein Einblick in deren Wettbewerbsstärke gefunden werden.

Aufgabe 14

Marketinginstrumente sind diejenigen Marketingmaßnahmen, mit denen ein Unternehmen Zielgruppengerecht das Marketing gestaltet. Es werden die Produkte nach den Bedürfnissen der Zielgruppe gestaltet oder der Vertrieb adäquat aufgebaut.

Die gängigsten Marketinginstrumente sind:

- die Produkt- und Sortimentspolitik,
- die Distributionspolitik,
- die Kommunikationspolitik und
- die Preispolitik.

Aufgabe 15

Ziel der Produktpolitik ist es, den Bedürfnissen und Wünschen der Kunden entsprechende Produkte und Dienstleistungen anzubieten. Zur Produktpolitik gehören alle Instrumente, die mit der Auswahl und Weiterentwicklung eines Produktes sowie dessen Vermarktung zusammenhängen

Aufgabe 16

Folgende Aufgaben sind Teil der Produktpolitik:

- Produktgestaltung
- Programm- und Sortimentspolitik
    - Produktinnovation
    - Produktvariation
    - Produktdiversifikation
    - Produktelimination
- Servicepolitik

Aufgabe 17

Zur Produktgestaltung zählen alle Maßnahmen, die das äußere Erscheinungsbild eines Erzeugnisses im Hinblick auf Qualität, Form und Verpackung beeinflussen, um damit die Nachfrage zu steigern. Damit ist die Produktgestaltung gleichzeitig ein wesentlicher Kostentreiber, durch dessen gezielte Steuerung nicht nur der Absatz verbessert werden kann, sondern auch die Produktion rationalisiert werden kann.

Aufgabe 18

- Produktinnovationen: neue, innovative Produke werden etabliert. Hier geht es darum, wirklich neue Produkte zu schaffen. Ein Beispiel ist beispielsweise das iPhone. Man unterscheidet hier angebots- und nachfrageinduzierte Produktinnovationen, d. h. man geht von der Frage aus, ob die Nachfrager das Produkt „gewollt" haben oder ob es sich aus technologischen Weiterentwicklungen ergeben hat. Von einer Marktinnovation spricht man, wenn der „Markt" für das Produkt komplett neu geschaffen wurde;

- Produktvariationen: bestehende Immobilien werden anders genutzt, beispielsweise alte Fabriken als Hotels;

- Produktdiversifikation: Produkte werden aus Bereichen angeboten, die bislang nicht im Produktportfolio waren;

- Produktelimination: bestehende Produkte werden vom Markt genommen, da sie entweder nicht erfolgreich sind oder durch andere Produkte ersetzt werden.

Aufgabe 19

Zur Preispolitik gehören alle Instrumente, durch die über die Preisbildung Kaufanreize gestellt werden sollen.

Aufgabe 20

Mit der kostenorientierten Preisgestaltung wird der Preis berechnet, der mindestens für ein Produkt genommen werden muss. Er wird aus den Instrumenten der Kostenabrechnung abgeleitet.

Aufgabe 21

Bei der konkurrenzorientierten Preisgestaltung wird der Preis aus den Preisen der Konkurrenz abgeleitet. Damit wird der optimale Preis ermittelt.

Aufgabe 22

$$\frac{relative Mengenänderung}{relative \operatorname{Pr} eisänderung} \times -1$$

Eine geringe Elastizität bedeutet, dass selbst bei relativ starker Preisvariation nur eine geringe Mengenveränderung eintritt. Dies bedeutet beispielsweise eine Präferenz des Kunden für den Anbieter.

Aufgabe 23

Unter Preisdifferenzierung versteht man eine Preispolitik, in der die gleiche Leistung zu unterschiedlichen Preisen angeboten wird. Diese Differenzierung kann zeitlich, räumlich, personell oder sachlich begründet sein.

Aufgabe 24

Hierbei werden nach der Produkteinführung zunächst sehr hohe Preise genommen, die danach fallen.

Aufgabe 25

Hierbei wird bei der Markteinführung ein günstiger Preis genommen, der mit steigender Bekanntheit ansteigt.

Aufgabe 26

In der Regel wird der eigentliche Vertrieb durch den Außendienst vorgenommen, der vom Innendienst unterstützt wird.

Aufgabe 27

Im strategischen Vertriebscontrolling erfolgt eine enge Zusammenarbeit mit den anderen Unternehmensbereichen. Damit werden Instrumente eingesetzt, die auch bereits in anderen Controllingbereichen verwendet werden. Hier werden die langfristigen Vertriebsziele des Unternehmens definiert.

Aufgabe 28

Das operative Vertriebscontrolling ist im Gegensatz zum strategischen Vertriebscontrolling eine Einjahresbetrachtung, die der Überwachung sämtlicher Vertriebsaktivitäten dient.

Aufgabe 29

Da die fixen Kosten unabhängig von der Ausbringungsmenge bestehen, muss es erstes Ziel sein, die fixen Kosten durch die Erlöse abzüglich variabler Kosten zu decken. Hierzu steht als Analyseinstrument die Break-Even-Analyse zur Verfügung. Der Break-Even-Punkt ist der Punkt, an dem die Gewinnschwelle (bzw. ein vorher definierter Mindestgewinn) genau erreicht wird.

Im Break-Even-Punkt (für den Einproduktfall!) gilt:

Betriebsergebnis = 0

Erlöse = Kosten

Erlöse = Menge × Preis

Kosten = variable Kosten + Fixkosten

Variable Kosten = Stückkosten × Menge

⇨ Erlöse − Kosten = 0 => Menge × Preis − Menge × Stückkosten − Fixkosten = 0

⇨ Menge × (Preis −Stückkosten) = Fixkosten

⇨ Menge = $\dfrac{\text{Fixkosten}}{\text{Preis} - \text{Stückkosten}}$

Ein anderes Wort für die Differenz zwischen Preis und Stückkosten ist der so genannte Deckungsbeitrag.

Aufgabe 30

Bei **variablen Kosten** handelt es sich um Kostenbestandteile, die sich bei Variation einer Kosteneinflussgröße ändern. Wird als Kosteneinflussgröße die Beschäftigung unterstellt, so wird dann von **beschäftigungsvariablen Kosten** gesprochen, wenn eine Änderung der Beschäftigung (Ausbringung) auch eine Änderung dieser Kostenbestandteile bewirkt. Wird bei einer Analyse auf die Gestalt des Zusammenhangs zwischen Beschäftigungsänderung und Kostenverlauf abgestellt, so lassen sich die beschäftigungsvariablen Kosten weiter unterteilen in proportionale, degressive, progressive und regressive Kosten.

Im Unterschied zu den variablen Kosten handelt es sich bei den **fixen Kosten** um Kostenbestandteile, die bei Variation der betrachteten Kosteneinflussgröße in unveränderter Höhe anfallen. Beschäftigungsfixe Kosten als Beispiel fallen unabhängig von Veränderungen im qualitativen oder quantitativen Leistungsprogramm in gleicher Höhe an. Sie sind bei kurzfristiger Betrachtungsweise auch durch eine Einstellung der Produktion des Leistungsprogramms nicht abbaubar. Durch ihre Zeitraumbezogenheit lassen sich diese beschäftigungsfixen Kosten jedoch in aller Regel gleichzeitig als variabel in Bezug auf die Kosteneinflussgröße Kalenderzeit bezeichnen (Wechsel der Bezugsgröße).

Aufgabe 31

Nicht-tarifäre Handelshemmnisse sind versteckte und willkürliche Behinderungen.

Aufgabe 32

Generell sind solche Kooperationen in unterschiedlichen Formen denkbar:

- horizontale Kooperationen: Unternehmen der gleichen Produktionsstufe arbeiten gemeinsam
- vertikale Kooperationen: Unternehmen vor- oder nachgelagerter Produktionsstufen arbeiten zusammen
- komplementäre Kooperationen: Unternehmen mit sich ergänzenden Produkten arbeiten zusammen (Beispiel: Hard- und Softwareunternehmen)
- heterogene Kooperationen: Zusammenarbeit von Unternehmen aus verschiedenen Bereichen (Beispiel: Flugzeughersteller und Automobilhersteller)

Aufgabe 33

Es lassen sich drei „Formen" von Marken unterscheiden:

- Registermarken entstehen durch die Registrierung der Marke;
- Benutzungsmarken entstehen durch die Benutzung der Marke und die Erlangung der Verkehrsgeltung;
- Notoritätsmarken entstehen durch die notorische Bekanntheit der Marke.

Aufgabe 34

60er Jahre

Das Marketing wurde als dominante Engpassfunktion erkannt. Es galt als operative Beeinflussungstechnik, dessen besonderes Interesse vor allem den Instrumenten des Marketing-Mix und der Implementierung von Marketingabteilungen galt.

Anspruchsspektrum: Distributionsfunktion

70er Jahre

Wachsende Nachfragemacht des Handels („Gatekeeper"); steigendes Interesse am vertikalen Marketing; das Marketing als strategische Managementaufgabe entwickelte sich langsam als Führungsfunktion

Anspruchsspektrum: dominante Engpassfunktion

80er Jahre

die Wissenschaft befasste sich überwiegend mit Wettbewerbsvorteilen und -positionierung; verstärkte Internationalisierung und Globalisierung des Wettbewerbs steigerte den Beachtung am „Global Marketing"

Anspruchsspektrum: Führungsfunktion

90er Jahre

Erweiterung des Anspruchsspektrums unter wachsender Orientierung an rechtlichen, gesellschaftlichen und ökologischen Rahmenbedingungen

Anspruchsspektrum: Marktorientiertes Führungskonzept

2000er Jahre

Informations- und Kommunikationstechnologien; Entwicklungen wie Database-Marketing, Netzwerk-Marketing, interaktives und virtuelles Marketing

Anspruchsspektrum: Individuelles, multi-optionales vernetztes Beziehungsmarketing

Aufgabe 35

Zu den Elementen des Corporate-Identity-Konzepts gehören:

1. Corporate Design, oder auch Unternehmenserscheinungsbild

   Das Corporate Design stellt das visuelle Erscheinungsbild nach innen und nach außen dar.

2. Corporate Communication, oder auch Unternehmenskommunikation

   Die Corporate Communication umfasst die Gesamtheit sämtlicher Kommunikationsinstrumente und -maßnahmen eines Unternehmens, die eingesetzt werden, um das Unternehmen und seine Leistungen den relevanten Zielgruppen der Kommunikation darzustellen.

3. Corporate Behaviour, oder auch Unternehmensverhalten

   Das Corporate Behaviour bezeichnet

die Verhaltensweisen der Mitarbeiter untereinander, gegenüber Kunden, Verbrauchern und Lieferanten.

das Firmenverhalten gegenüber: den Mitarbeitern (z.B. Verhalten im Führungsstil, in der Lohn- und Gehaltspolitik), dem Marktpartner (z.B. bei Garantie- und Serviceleistungen, beim Umgang mit Reklamationen und Beschwerden), Aktionären und Geldgebern (z.B. in Bezug auf die Ausschüttung der Dividende), Staat, Öffentlichkeit und Umwelt

Innerhalb eines Corporate-Identity-Konzepts muss darauf geachtet werden, dass alle Bestandteile (Design, Kommunikation und Verhalten) berücksichtigt werden um ein einheitliches Bild zu gewährleisten.

Ziele des Corporate Identity-Konzepts:

- Informationsdefizite beseitigen
- Imageprobleme bei bestimmten Zielgruppen beseitigen
- ein modernes, einheitliches Erscheinungsbild gewährleisten
- durch Fusionen entstandenen Unternehmen eine Identität geben

Hauptzweck: Verleihung des Unternehmens einer einzigartige Identität oder Persönlichkeit und Sicherung einer starken Wettbewerbsposition

Lösungen zu Materialwirtschaft und Logistik

1. C
2. B
3. A
4. A
5. B
6. C

7. A
Optimale Bestellmenge = Wurzel ((200 x Jahresbedarfsmenge x Bestellkosten / Bestellung) / (Einstandspreis x Lagerhaltungskostensatz)) = Wurzel ((200 x 1000 x 5 €) / (26 € x 4 €)) = 98,06
Optimale Bestellhäufigkeit = 1000 / 98,06 = 10,20

8. B
Optimale Bestellmenge = Wurzel ((200 x Jahresbedarfsmenge x Bestellkosten / Bestellung) / (Einstandspreis x Lagerhaltungskostensatz)) = Wurzel ((200 x 1000 x 5 €) / (26 € x 4 €)) = 98,06

9. D
10. D
11. D
12. B
13. D
14. A

15. D
Kosten Eigenlager: 96.000 € + 0,48 € / Stück* X
Kosten Fremdlager: 1,50 € / Stück * X
96.000 € + 0,48 € / Stück * X = 1,50 € / Stück * X
96.000 € = 1,02 € / Stück * X
X = 94.118

16. B
Kosten Eigenlager: 96.000 € + 0,48 € / Stück* 85.000 Stück = 136.800 €
Kosten Fremdlager: 1,50 € / Stück * 85.000 Stück = 127.500 €
Fremdlager ist günstiger

Aufgabe 1

Unter Logistik versteht man die Organisation, Steuerung, Bereitstellung und Optimierung von Prozessen der Güter-, Informations-, Energie-, Geld- und Personenströme in einem Unternehmen. Aufgabe ist die Sicherung des Erfolgs der Prozesse und die räumliche Mobilität der betrachteten Objekte. Definiert wird Logistik als Planung, Organisation, Steuerung, Abwicklung und Kontrolle des Material- und Warenflusses und den damit einhergehenden Informationsflüssen.

Aufgabe 2

Das Hauptproblem der Logistik besteht darin, dass die Zielsetzungen – hohe Leistung, hohe Qualität, geringe Kosten – zu Zielkonflikten führen. Eine hohe Lieferbereitschaft setzt einen hohen Lagerbestand voraus, dies führt aber zu höheren Kosten.

Aufgabe 3

1. Beschaffungslogistik: Beschaffung von Gütern;

2. Produktionslogistik: innerbetrieblicher Transport, Umschlag und Lagerung

3. Distributionslogisitik: Vertrieb von Gütern

4. Entsorgungslogistik: Transport von Abfällen

Aufgabe 4

Unter Sourcing-Konzepten versteht man Beschaffungsstrategien eines Unternehmen. Sie sind abhängig von folgenden Faktoren:

1. dem Träger der Wertschöpfung: handelt es sich um Eigenfertigung oder Fremdbezug?;

2. der Anzahl der Bezugsquellen: Single Sourcing, Dual Sourcing oder Multiple Sourcing;

3. der Komplexität und Struktur der beschafften Güter: handelt es sich um den Einkauf von ganzen Modulen (Modular Sourcing) oder nur um einfache Teile;

4. dem geografischen Beschaffungsraum: Local Sourcing vs. International Sourcing vs. Global Sourcing;

5. der zeitbezogenen Beschaffungsart: Einzelbeschaffung vs. Lagerhaltung;

6. der Organisation der Beschaffung: kollektive Beschaffung (collective sourcing) vs. individuelle Beschaffung (individual sourcing);

der Ort der Lieferung: Leistungserstellung beim Lieferanten (External sourcing) vs. Lieferung an den Sitz des Abnehmers (Internal sourcing).

Aufgabe 5

Mit der Lieferantenbewertung werden die Lieferanten bewertet und klassifiziert. Ziel ist die Vorauswahl der Lieferanten, um im eigentlichen Vergabeprozess nur mit den Lieferanten in Verhandlungen zu treten, mit denen sich die Verhandlung überhaupt lohnt. Gleichzeitig versucht man mit dieser Vorgehensweise, die Anzahl an möglichen Lieferanten zu reduzieren. Wesentliche Vorbedingung für die Lieferantenbewertung ist deren Transparenz. Um sowohl intern als auch in der Lieferantenbeziehung eine Akzeptanz für das Ergebnis zu schaffen, müssen die Merkmale, aus denen das Ergebnis abgeleitet wird, nachvollziehbar gestaltet sein. Letztlich wird damit eine Art „Rentabilität" aus der Lieferantenbeziehung ermittelt, aus der der Lieferant in Kategorien eingeordnet wird. Möglichkeiten sind das Schulnotensystem oder auch A, B, C.

Aufgabe 6

Aufgabe der Beschaffungsstrategie ist es, die Beschaffung von Gütern und Dienstleistungen auf die einzelnen Lieferanten zu verteilen. Ziel ist es, damit die Versorgung des Unternehmens mit allen notwendigen Gütern und Dienstleistungen sicherzustellen, damit an keiner Stelle der Materialfluss unterbrochen wird. Als weiteres Ziel ist damit aber verbunden, dies mit möglichst geringen Kosten zu erreichen. Zudem sind die Kosten einiger Teile der Beschaffungsstrategie invers zu einander. Bei geringeren Lagerkosten steigen in der Regel etwa die Transportkosten.

Aufgabe 7

Mit der Beschaffungsstrategie werden fünf Entscheidungen getroffen:

1. Mengenentscheidung → Welche Mengen…
2. Sortimentsentscheidung …welcher Güter…
3. Qualitätsentscheidung …in welcher Qualität…
4. Preisentscheidung …und zu welchem Preis…
5. Lieferantenentscheidung …bei welchen Lieferanten bezogen werden sollen.

Aufgabe 8

Eine Beschaffungsstrategie könnte Einzelquellenbeschaffung lauten. Damit ist die Beschaffung eines bestimmten Umfangs an Gütern und Dienstleistungen von einem einzigen Anbieter gemeint. Durch die größere Mengenabnahme sind in der Regel Kostenvorteile zu verzeichnen (höhere Rabatte) und längere, bevorzugte Geschäftsbeziehungen sind möglich. Da sich die Parteien „kennen", sinkt in der Regel der Verhandlungsaufwand. Aber: das Risiko steigt durch die Einzelquellenbeschaffung, da bei Produktionsausfällen des Lieferanten keine Alternativen zur Verfügung stehen. Zudem ist durch die Fokussierung auf den einen Lieferanten damit zu rechnen, dass dauerhaft günstigere Produkte am Markt zu beschaffen wären.

Aufgabe 9

Bei der Mehrquellenbeschaffung gibt es viele Anbieter für ein Produkt. Die Beschaffung wird quotal auf die Lieferanten verteilt, wobei die Quote über längere Zeit konstant sein kann, aber auch häufiger wechseln kann. Großer Vorteil dieser Strategie ist, dass durch die Konkurrenzsituation der Marktpreis (hoffentlich) immer gering bleibt. Bei Lieferschwierigkeiten einzelner Anbieter kann immer noch auf die anderen Anbieter gewechselt werden, so dass die Liefersicherheit zunimmt. Letztlich werden damit Abhängigkeiten deutlich reduziert. Andererseits steigen mit dieser Strategie natürlich der Informationsbedarf und damit auch die Kosten. Die Strategie ist zudem nur für austauschbare Güter machbar, da nur dann vergleichbare Güter bestehen. Gegenüber der Einzelquellenbeschaffung sinken auch die Rabattmöglichkeiten, da die einzelnen Abnahmemengen natürlich geringer sind.

Aufgabe 10

Die optimale Lieferfrequenz lässt sich einfach nachfolgender Formel ermitteln:

$$\text{Lieferfrequenz} = \frac{\text{Monatsbedarf}}{\text{Liefermenge}} \text{ oder } \frac{\text{Jahresbedarf}}{\text{Liefermenge}}$$

Aufgabe 11

$$\text{Optimale Liefermenge} = \sqrt{\frac{2 \times \text{Jahresbedarf} \times \text{Handlingkostensatz}}{\text{Einstandspreis} \times (\text{Zinssatz} + \text{Lagerkostensatz})}}$$

Aufgabe 12

Unter Feinabruf versteht man den zeitnahen, teilweise minutengenauen Abruf von Lieferungen bei einem Lieferanten. Er dient der Feinsteuerung der Produktion beim Kunden und des Versands beim Lieferanten.

Aufgabe 13

Aufgabe der Materialwirtschaft ist die Verwaltung sowie zeitliche, mengenmäßige und räumliche Planung und Steuerung aller Materialbewertungen innerhalb eines Unternehmens. Sie steuert damit den Warenfluss zwischen den Lieferanten, Kunden, der Produktion und den anderen Funktionsbereichen des Unternehmens sowie dem Lager.

Aufgabe 14

Der Wareneingang wird regelmäßig wie folgt durchgeführt:

1. Die Waren werden vom Lieferanten oder vom Spediteur angeliefert;
2. die Waren werden von der Anlieferung übernommen und abgeladen;
3. die Warenannahme prüft die eingegangene Ware auf die beigefügte Papiere und auf die Menge, Richtigkeit und äußere Beschaffenheit. Bei optisch sichtbarer Warenbeschädigung wird die Annahme der Ware verweigert, ansonsten bestätigt der Empfänger den Eingang auf dem Frachtbrief;
4. nach dem Abladen wird die Ware an Produktion oder Lager weitergeleitet;
5. die eingegangenen Dokumente werden an die zuständigen Stellen weitergeleitet;
6. die Ware wird auf Vollständigkeit und weitere Mängel überprüft und gegebenenfalls sofort reklamiert; ansonsten gilt die Ware als abgenommen.

Aufgabe 15

Das Beschaffungscontrolling hat die Aufgabe, die Planung, Steuerung und Kontrolle des Einkaufs durchzuführen. Es ist dabei notwendig, dass das Beschaffungscontrolling auf alle Informationen im Unternehmen bezüglich des Einkaufs und der eingekauften Waren Zugriff bekommt, um die vorgesehene Aufgabe zu erfüllen.

Aufgabe 16

Durch Lagerhaltung wird der betriebliche Materialfluss unterbrochen, um bewusst Bestände als Sicherheitspuffer zu bilden oder auch unbewusst durch unsachgemäße Bestellmengen. Die Lagerhaltung erfolgt dabei im Lager. Lager kann dabei aber verschiedene Bedeutungen haben. Neben dem Lager im eigentlichen Sinne ist auch die Lagerhaltung in der Produktion als Lager im weiteren Sinne zu verstehen. Die Pufferfunktion des Lagers kann somit wenigstens teilweise auch direkt in der Produktion vorgenommen werden.

Aufgabe 17

Die entscheidenden Kriterien sind

- Kosten
- Finanzierungsmöglichkeiten
- technische Möglichkeiten
- vorhandene Kapazitäten

Aufgabe 18

- Festlegung von Qualitätsstandards
- Aufbau von Kontrollsystemen
- Durchführung von Materialkontrollen
- Lieferantenauswahl nach Qualitätsgesichtspunkten

Aufgabe 19

- Bedarfsplanungszeit
- Angebotszeit
- Lieferantenlieferzeit

- Transportzeit
- Anlieferungszeit
- Zeit zur Wareneingangsprüfung
- Einlagerungszeit

Aufgabe 20

Die direkte Beschaffung erfolgt direkt beim Hersteller, die indirekte Beschaffung erfolgt über Beschaffungsorgane wie den Handel.

Aufgabe 21
- Qualität
- Preise
- Liefertreue
- finanzielle Situation
- Kostenstruktur

Aufgabe 22

Die ABC-Analyse ist ein Analyseverfahren, bei dem eine Menge von Objekten in die Klassen A, B und C eingeteilt werden. Diese werden nach absteigender Bedeutung geordnet, so dass die "besten" Objekte in Klasse A und die "schlechtesten" in Klasse C gelistet werden. So könnte eine Gliederung nach Umsatz erfolgen, so dass die umsatzstärksten Produkte in A und die umsatzärmsten in C einsortiert werden. Diese Methode hat verschiedene Vor- und Nachteile:

- sie ist einfach anwendbar

- man kann sich auf das „Wesentliche" konzentrieren

- aber: man kann nur zwei Dimensionen betrachten!

- dadurch sind Fehlinterpretationen möglich!

Aufgabe 23

Der Sicherheitsbestand dient der Abdeckung von Zusatzaufträgen oder der Abdeckung von Bestandsdifferenzen etwa durch Diebstahl. Gleichzeitig können damit etwa verspätete Lieferungen abgedeckt werden.

Aufgabe 24

Optimale Liefermenge = $\sqrt{\dfrac{2 \times 16.000 \times 150\,€}{800\,€ \times (0{,}10 + 0{,}08)}} = 333$

Optimale Bestellhäufigkeit = $\dfrac{16.000}{333} = 48$

Aufgabe 25

Abfallvermeidung bedeutet, dass Abfälle erst gar nicht entstehen. Insofern muss man sich über die Abfallbeseitigung und dergleichen nicht mehr kümmern. Eine Maßnahme ist beispielsweise, eine Überbevorratung von verderblichen Stoffen zu verhindern.

Aufgabe 26

Abfallverminderung bedeutet, dass Abfälle dort, wo sie vermeidbar sind, reduziert werden. Ein Beispiel ist, dass weniger Verpackungsmaterial verwendet wird.

Aufgabe 27

Unter Abfallverwertung versteht man die zurück in die Kreislaufführung von Abfällen, damit sie als Sekundärrohstoffe wiederverwendet werden. Ein Beispiel ist die Wiedernutzung von Glasabfällen.

Aufgabe 28

Unter Abfallbeseitigung versteht man die Entsorgung solcher Abfälle, die nicht mehr als Sekundärrohstoffe genutzt werden können. Beispiel sind solche Stoffe, die verbrannt oder eingelagert werden müssen.

Aufgabe 29

⌀Lagerbestand = 4 Stück + ½ × 18 Stück = 13 Stück

⌀Kapitalbindung = 13 Stück × 400 € / Stück = 5.200 €

Aufgabe 30

Lagerkosten = 5.200 € × 15% = 780 € / Jahr.

Aufgabe 31

Lagerumschlagshäufigkeit = $\frac{520}{13} = 40$

Aufgabe 32

Vorteile:

- bis hin zur Beförderung zum Kunden behält das Unternehmen Einfluss
- Lieferzuverlässigkeit steigt, wenn Transport besser als bei Fremdvergabe abgewickelt wird
- Termine können besser geplant werden
- usw.

Nachteile:

- Fixkosten steigen deutlich => finanzielles Risiko steigt!

- Spezialequipment muss bereitgestellt werden (spezielle Behälter etc.)
- usw.

Aufgabe 33

Das Geschäft ist nicht zustande gekommen, da 21 Uhr nach Geschäftsschluss ist und somit erst am 4. August das Dokument „ankommt". Damit gilt die Angebotsannahme als neues Angebot, das erst wieder neu vom Anbieter angenommen werden muss.

Aufgabe 34

Gemäß § 121 BGB muss die Anfechtung unverzüglich erfolgen müssen. Bei a) ist die Frist definitiv verstrichen. Der Kreditvertrag ist wirksam. Im Fall b) müssen die einzelnen Umstände gewürdigt werden, um festzustellen, ob der Vertrag wirksam ist.

Aufgabe 35

Sie werden nur dann Bestandteil eines Vertrags, wenn der Verwender bei Vertragsschluss (§ 305 Abs. 2 BGB):

- die andere Vertragspartei ausdrücklich oder, wenn ein ausdrücklicher Hinweis wegen der Art des Vertragsschlusses nur unter unverhältnismäßigen Schwierigkeiten möglich ist, durch deutlich sichtbaren Aushang am Ort des Vertragsschlusses auf sie hinweist und

- der anderen Vertragspartei die Möglichkeit verschafft, in zumutbarer Weise, die auch eine für den Verwender erkennbare körperliche Behinderung der anderen Vertragspartei angemessen berücksichtigt, von ihrem Inhalt Kenntnis zu nehmen,

- und wenn die andere Vertragspartei mit ihrer Geltung einverstanden ist.

Aufgabe 36

Folgende Rechtsfolgen ergeben sich bei Nichteinbeziehung oder Unwirksamkeit (§ 306 BGB):

- Sind AGB ganz oder teilweise nicht Vertragsbestandteil geworden oder unwirksam, so bleibt der Vertrag im Übrigen wirksam.

- Soweit die Bestimmungen nicht Vertragsbestandteil geworden oder unwirksam sind, richtet sich der Inhalt des Vertrages nach den gesetzlichen Vorschriften.

- Der Vertrag ist unwirksam, wenn das Festhalten an ihm ... eine unzumutbare Härte für eine Vertragspartei darstellen würde.

Aufgabe 37

- Stichtagsinventur
- permanente Inventur

Aufgabe 38

Effiziente Nachversorgung

Aufgabe 39

EAM ist die Artikelcodierung mit der europäischen Artikelnummer. Diese besteht aus einem 13stelligen Strichcode.

Lösungen zu Qualitäts- und Umweltmanagement sowie Arbeitsschutz

Aufgabe 1

- GefStoffV
- ArbSchG

Aufgabe 2

Die Überwachung des Arbeitsschutzes erfolgt zweigeteilt:

- die Gewerbeaufsichtsämter überwachen die Einhaltung der staatlichen Vorschriften
- die Berufsgenossenschaften überwachen ihre eigenen Vorschriften.

Aufgaben der Berufsgenossenschaften sind die Verhütung von Arbeits- und Wegeunfällen, Berufskrankheiten und allen arbeitsbedingten Gesundheitsgefahren durch geeignete Maßnahmen. Sie erbringen Leistungen zur Rehabilitation von Unfallverletzten und entschädigen mit Geldleistungen für Unfallfolgen. Letztlich erlassen sie Unfallverhütungsvorschriften und überwachen diese.

Aufgabe 3

Wer in einem Arbeits-, Ausbildungs- oder Dienstverhältnis steht, ist über die Berufsgenossenschaft versichert.

Aufgabe 4

Aufgabe der Unfallversicherung ist es (§ 1 SGB VII),

1. mit allen geeigneten Mitteln Arbeitsunfälle und Berufskrankheiten sowie arbeitsbedingte Gesundheitsgefahren zu verhüten,

2. nach Eintritt von Arbeitsunfällen oder Berufskrankheiten die Gesundheit und die Leistungsfähigkeit der Versicherten mit allen geeigneten Mitteln wiederherzustellen und sie oder ihre Hinterbliebenen durch Geldleistungen zu entschädigen.

Aufgabe 5

Die Beiträge zur Unfallversicherung werden im Umlageverfahren erhoben, wobei die Höhe allein von den Unternehmen aufzubringen ist. Die Beitragsermittlung erfolgt in der Regel über die Arbeitsverdienste, Zahl der Beschäftigten und nach den Gefahrenklassen, Kopfpauschalen und Arbeitszeiten, in die die Unternehmen nach bestimmten Risikogesichtspunkten eingegliedert werden.

Unternehmen, die durch entsprechenden Unfallschutz geringere Unfallquoten und -kosten haben, werden Beitragsnachlässe gewährt.

Aufgabe 6

- Mitarbeiter ist den Aufgaben nicht gewachsen
- falsche Teamzusammenstellung
- Überlastung
- nicht genug Durchsetzungsvermögen
- usw.

Aufgabe 7

- persönliches Gespräch mit dem Mitarbeiter über seine Situation führen
- Arbeitsumfeld auf Störungen untersuchen
- Prozessanalyse durchführen und möglicherweise Prozess neu definieren
- Verantwortung neu verteilen
- usw.

Aufgabe 8

R-Sätze sind Hinweise auf solche Gefahren, die von dem Gefahrstoff ausgehen. Dies können beispielsweise Gesundheitsgefahren beim Einatmen sein.

Bei S-Sätzen handelt es sich dagegen um die einzuhaltenden Schutzmaßnahmen beim Umgang mit diesen Gefahrstoffen, beispielsweise das Tragen einer Schutzbrille.

Aufgabe 9

- Nutzung von Mehrwertverpackungen
- Wiederverwertung von Abfallstoffen
- Abfallsammlung
- usw.

Aufgabe 10

- Filterung der Abluft
- Begrenzung von Immissionen durch Verwendung schadstoffarmer Werkstoffe
- regelmäßige Wartung der Filter
- usw.

Aufgabe 11

- Filterung des Abwassers
- Nutzung von Regenwasser
- Wassersparmaßnahmen
- usw.

Aufgabe 12

- flüssigkeitsdichte Bodenbeläge
- Überlaufsicherung von Behältern
- usw.

Aufgabe 13

Das Qualitätsmanagement umfasst sämtliche Prozesse, die in einem Unternehmen auftreten. Es soll eine Änderung des Verhaltens der Mitarbeiter bewirken, damit diese ihre Tätigkeiten möglichst ohne Fehler ausführen.

Aufgabe 14

- Qualitätsmanagementhandbuch
- Verfahrensanweisungen zum Qualitätsmanagement
- Dokumentation der Prozesse

Aufgabe 15

- Arbeitsabläufe werden effizienter
- Qualitätsmerkmale werden transparent und laufend überprüfbar
- Außendarstellung des Unternehmens wird verbessert

Aufgabe 16

- Dieselmotoren
- Kraftwerke
- Privathaushalte
- Straßenverkehr
- usw.

Aufgabe 17

- Fahrverbote
- Auflagen für Kraftwerke
- Auflagen für Industrieanlagen
- Rußpartikelfilter usw.

Aufgabe 18
- Reduzierung der eingesetzten Materialien, etwa für Verpackung
- Nutzung wieder verwendbarer Verpackungsmaterialien
- Verwendung nachwachsender Rohstoffe
- Verwendung von Sekundärrohstoffen wie Altholz
- Nutzung von regenerativen Energien
- usw.

Aufgabe 19
- Aufarbeitung zu Spanplatten
- Nutzung als Brennstoff

Aufgabe 20
- Nutzung als Brennstoff
- Aufarbeitung

Aufgabe 21
- Emissionshandel mit CO2-Zertifikaten
- Umweltverträglichkeitsprüfungen
- Umweltrechtsnormen wie KrwG
- etc.

Aufgabe 22
- Mineralölsteuer
- Kfz-Steuer
- Abfallgebühren etc.

Aufgabe 23
- Geltungsbereich
- Gefahrstoffbezeichnung
- Gefahren für Mensch und Umwelt
- Schutzmaßnahmen
- Verhaltsregeln
- Verhalten im Gefahrfall
- Brandschutz
- Erste Hilfe
- sachgerechte Entsorgung

Aufgabe 24
Unter einer Emission versteht man die aus einer Anlage entstehenden Luftverunreinigungen, Geräusche, Wärme, Licht, usw.

Aufgabe 25
Eine Immission beschreibt die auf den Menschen, Tiere, Pflanzen usw. wirkenden Emissionen.

Aufgabe 26
Nach einem persönlichen Gespräch mit dem Vorgesetzten wird im nächsten Schritt der Betriebsrat zu einem Gespräch hinzugezogen. Danach würden im Wiederholungsfall die erste und zweite Abmahnung folgen und zuletzt die Kündigung.

Aufgabe 27
TOP steht für technische und organisatorische Maßnahmen sowie persönliche Schutzausrüstung. Zu den technischen Maßnahmen zählt etwa das Absaugen von

Gefahrstoffen oder deren Abkapselung. Zu den organisatorischen Maßnahmen gehört das Aufstellen von Betriebsanweisungen oder die Schulung der Mitarbeiter. Letztlich zählen zur persönlichen Schutzausrüstung geeigneter Kopf- oder Atemschutz.

Aufgabe 28

Vermeidung, Verwertung, Beseitigung

Zur Vermeidung zählt: Nutzung anderer Verfahren oder Materialien, damit Abfälle erst gar nicht entstehen, Nutzung von Mehrwegverpackungen, etc.

Verwertung meint die stoffliche (Zerlegung in Einzelteile) oder energetische (Verbrennung von Kunststoffen zur Energiegewinnung) Verwertung.

Beseitigung bedeutet das Verbrennen oder Ablagern von Stoffen.

Aufgabe 29

Für jeden Unfall:

- Zeit und Ort
- Unfallhergang
- Schaden und Art der Verletzung
- Zeitpunkt, Ort und Umfang der Erste-Hilfe-Maßnahmen
- Name des Betroffenen
- Zeugen und Ersthelfer

Aufgabe 30

Die Entwurfsqualität beschreibt die Qualität, die der Entwurf für ein Produktionsgut aufweist. Sie wird bestimmt durch die Forderungen, die die Kunden an das Produkt haben, die Qualität der Konkurrenzprodukte und die eigene verfolgte Qualitätspolitik.

Aufgabe 31

Unter „Planungsqualität" versteht man die aus der Planung eines Erzeugnisses erzeugte Qualität. Sie hängt mit der Entwurfsqualität zusammen, kann aber von dieser abweichen. Ist die Entwurfsqualität zu schlecht, führt dies in der Planungsqualität zu schlechteren Einsatzstoffen, ist sie aber zu hoch angesetzt, ergibt sich ein Kostenproblem.

Aufgabe 32

Die Fertigungsqualität ergibt sich aus der Fertigung selbst. Sie hängt u. a. von den eingesetzten Betriebsmitteln, Fertigungsverfahren und Arbeitskräften ab. Nach REFA stellt sie dasjenige Maß dar, inwieweit Planungsqualität und deren Ausführung übereinstimmen.

Aufgabe 33

- Identitätsprüfung
- Qualitätsprüfung
- Quantitätsprüfung

Aufgabe 34

EMAS und DIN ISO 14001

Lösungen zur Produktionswirtschaft

Aufgabe 1

- erhöhter Ausschuss
- erhöhte Nacharbeiten
- Mängel in der Produktion
- Störungen in den Anlagen
- Ausfälle der Anlagen
- nicht mehr gewährleistete Arbeitssicherheit.

Aufgabe 2

Durch den Einsatz moderner Regelungs- und Messtechniken soll der Produktionsprozess fortlaufend überwacht werden.

Aufgabe 3

In der Qualitätsplanung werden die Qualitätsmerkmale ausgewählt und die geforderten und zulässigen Merkmalswerte bei einem Erzeugnis oder einer Tätigkeit festgelegt.

Aufgabe 4

In der Qualitätssteuerung werden die Maßnahmen veranlasst, überwacht und sichergestellt, die der Erfüllung der von der Qualitätsplanung festgelegten Anforderungen dienen.

Aufgabe 5

Um dem Arbeitgeber die Rechte an den Erfindungen der Arbeitnehmer zu sichern, enthalten Arbeitsverträge üblicherweise die Regelung, dass alle Erfindungen, die im Rahmen eines Arbeitsverhältnisses gemacht werden,

1. dem Arbeitgeber mitgeteilt werden müssen,
2. dem Arbeitgeber das alleinige Recht zur wirtschaftlichen Verwertung zu übertragen ist.

Aufgabe 6

Im Rahmen der produktorientierten Maßnahmen zur Rationalisierung lassen sich folgende Maßnahmen unterscheiden:

5. Maßnahmen der Normung von Maßen, Formen, Bezeichnungen, Bestandteilen usw.;
6. Maßnahmen der Typung: Vereinheitlichung mehrteiliger, zusammengesetzter Produkte.

Im Rahmen der verfahrensorientierten Maßnahmen zur Rationalisierung lassen sich folgende Maßnahmen unterscheiden:

1. Maßnahmen der Artteilung: die Aufteilung einer Gesamtaufgabe in Teilaufgaben;
2. Mengenteilungen, um beispielsweise Leerläufe zu minimieren;

Aufgabe 7

In der Instandhaltung lassen sich drei Strategien unterscheiden:
- die Ausfallmethode,
- die Inspektionsmethode und die
- Präventivmethode.

Während die Inspektions- und die Präventivmethode bereits vor dem Eintreten eines Ausfalls tätig werden, handelt die Ausfallmethode erst nach dem Eintreten des Ausfalls. Sie bedarf insofern keiner vorhergehenden Planung.

Aufgabe 8
- Standortsicherung vs. Kostensenkungen
- hohe Fertigungsqualität vs. kostenminimale Fertigung,
- Rückgang der Investitionen gegen hohe Qualitätsziele,
- kostenminimale Fertigung bei Einhalt der Umweltschutzziele

Aufgabe 9
- Auswahl der prüfenden Mitarbeiter,
- Schulung der prüfenden Mitarbeiter,
- Durchführung von Wareneingangsprüfungen,
- Überwachung von Korrekturmaßnahmen,
- Erstellen der Prüfablaufpläne

Aufgabe 10

Zur Erfassung von Umweltinformationen werden regelmäßig Öko-Audits eingesetzt. Bei Öko-Audits werden Umweltinformationen im Rahmen von Soll-Ist-Vergleichen gesammelt. Entscheidend sind die Kriterien, die gemessen werden, da diese die Umweltbelastung natürlich hinreichend genau beschreiben müssen.

Aufgabe 11

Durch Öko-Audits kann ein Unternehmen insbesondere die vorhandenen Risiken minimieren – gleichzeitig ist ein Imagegewinn möglich. Dagegen entstehen in der Regel hohe Anlaufkosten, um die Daten überhaupt zu messen, was die Wettbewerbssituation möglicherweise stärker belastet als die Vorteile diese verbessern. Letztlich muss das Öko-Audit auch zu einer neuen Lieferantenbewertung und möglicherweise –auswahl führen, wenn bei diesen unterschiedliche Umweltbedingungen vorliegen.

Aufgabe 12

1. Menschengerechte Produktgestaltung: Eine möglichst gefahrlose und einfache Nutzung durch den Menschen ist hier das Hauptziel;

2. Kostenorientierte Produktgestaltung: möglichst geringe Kosten für den Hersteller sind hier das Ziel;

7. instandhaltungsgerechte Produktgestaltung: möglichst einfache bzw. zu möglichst geringen Kosten mögliche Instandhaltung ist hier das Ziel;

8. umweltgerechte Produktgestaltung: möglichst geringe Umweltbelastungen stellen hier das Hauptziel dar;

9. Montage-/Demontagegerechte Produktgestaltung: hier soll eine möglichst einfache Montage und Demonatage erfolgen;

10. Prozessgerechte Produktgestaltung: Hier steht die Einfachheit der verwendeten Prozesse im Vordergrund.

Aufgabe 13

Im Fall von mit Mängeln behafteten Erzeugnissen bestehen zwei rechtliche Möglichkeiten:

- Innerhalb der gesetzlichen Gewährleistungsfrist besteht das Recht der Wandelung eines Kaufvertrages. Dabei gewähren Käufer und Verkäufer ihre erhaltenen Leistungen zurück.

- Von Minderung wird gesprochen, wenn der Verkäufer sich bereit erklärt, aufgrund des Mangels den vereinbarten Kaufpreis zu reduzieren.

Aufgabe 14

- von Kulanz spricht man, wenn der Verkäufer auf seine Kosten den Mangel beseitigt oder das Geschäft wandelt oder mindert, auch wenn er hierzu nicht mehr gesetzlich gezwungen ist;

- eine Rückrufaktion wird angewendet, wenn sich nach Auslieferung ein technischer Mangel entdeckt wird, den der Kunden noch nicht bemerkt hat. Durch den Rückruf und die Mängelbeseitigung wird versucht, möglicherweise höhere Folgekosten zu verhindern.

Aufgabe 15

1. Analyse der Ist-Situation: wie hoch ist der Umsatz, das Ergebnis usw.
2. Definition der strategischen und operativen Ziele
3. Ermittlung von Ideen zur Neuentwicklung von Produkten
4. Entwicklungsphase
5. Herstellung eines Prototyps
6. Planungsphase:
7. Fertigung einer Nullserie
8. Serienfertigung
9. Markteinführungsphase und Produktpflege

Aufgabe 16

- eine Konstruktionsstückliste beschreibt die mengenmäßige Zusammensetzung eines Erzeugnisses aus seinen Einzelteilen;

- Mengenübersichtsstücklisten: in dieser werden für einen Gegenstand sämtliche Teile nur einmal angegeben – unter Angabe der Gesamtmenge;
- Baukastenstückliste: in dieser werden die Gruppen, Eigen- und Fremdteile nur der jeweils nächst tieferen Ebene eines Erzeugnisses genannt;
- Strukturstückliste: hier werden alle Gruppen, Eigen- und Fremdteile aller niedrigeren Ebenen eines Erzeugnisses aufgeführt;
- Baukastenstrukturstückliste: ist eine Kombination zwischen Baukastenstückliste und Strukturstückliste. Wiederholgruppen werden beispielsweise in der Strukturstückliste nicht weiter untergliedert, sondern bilden eine eigene Strukturliste;
- Variantenstückliste: hier werden nur geringfügig unterschiedliche Erzeugnisse listenmäßig beschrieben.

Aufgabe 17

Die Fertigungsprogrammplanung ist ein Teilbereich der betrieblichen Gesamtplanung, in dem unter Einbeziehung der Kapazität des Unternehmens und in Zusammenarbeit insbesondere mit der Absatzplanung festgelegt wird, welche Mengen der einzelnen Produktarten des Fertigungsprogramms in einer Periode erstellt werden sollen. Instrumente sind beispielsweise die lineare Programmierung, in der die optimale Zusammensetzung der Produktarten und -mengen ermittelt werden soll, d.h. das optimale bzw. gewinnmaximale Fertigungsprogramm. Unterstützt wird die Berechnung durch die Deckungsbeitragsrechnung.

Aufgabe 18

Fertigungsverfahren lassen sich nach unterschiedlichen Kriterien einordnen:
- Fertigungsdurchführung in unterschiedlichen Produktionstypen: Einzel- und Mehrfachfertigung (Serien-, Sorten und Massenfertigung)

- Fertigungsdurchführung in unterschiedlicher Produktionsorganisation: Werkstattfertigung, Gruppenfertigung oder Fertigung nach dem Flussprinzip

- Fertigungsdurchführung in unterschiedlicher Produktionstechnik: Unterscheidung nach dem Grad menschlicher Arbeitskraft (manuelle Fertigung, Mechanisierung, Maschinisierung, Automation)

Aufgabe 19

Unter Arbeitsstrukturierung versteht man alle Maßnahmen, die der Veränderung der Arbeitsorganisation dienen. Sie ist ein Teil der Arbeitsgestaltung. Zu den Arbeitsstrukturierungen zählen beispielsweise Jobenlargement und Jobenrichment.

Aufgabe 20

Durchschnittliche Kapazität	die Leistungsabgabe, die über mehrere Perioden durchschnittlich erzielt wurden
Maximalkapazität	durch ununterbrochene bzw. nur durch unvermeidbare Rüst- und Wartungszeiten erzielbare größtmögliche Leistungsabgabe
Mindestkapazität	Minimale Leistung, die zu erbringen ist, um das Betriebsmittel überhaupt betreiben zu können
Normalkapazität	unter Normalbedingungen erzielbare Leistung
Optimale Kapazität	wirtschaftliche Kapazität, bei der die Stückkosten minimiert werden

Technische Kapazität	Leistungsvermögen, für das ein Betriebsmittel (nach Herstellerangaben) technisch ausgelegt ist

Aufgabe 21

Die Fertigungssicherung/-überwachung hat das Ziel, die kontinuierliche und störungsfreie Fertigung zu gewährleisten. Dabei hat sie drei Subziele:

- präventiv eine Störungsvermeidung durchsetzen, so dass überhaupt keine Fertigungsstörungen entstehen;
- bei entstandenen Störungen umgehend die Störung zu beseitigen;

bei eingetretenen Störungen eine Störungserkennung durchzuführen, um die Ursachen erkennen und zukünftig verhindern zu können.

Aufgabe 22

Im Rahmen der produktorientierten Maßnahmen zur Rationalisierung lassen sich folgende Maßnahmen unterscheiden:

- Maßnahmen der Normung von Maßen, Formen, Bezeichnungen, Bestandteilen usw.;
- Maßnahmen der Typung: Vereinheitlichung mehrteiliger, zusammengesetzter Produkte.

Aufgabe 23

Im Rahmen der verfahrensorientierten Maßnahmen zur Rationalisierung lassen sich folgende Maßnahmen unterscheiden:

- Maßnahmen der Artteilung: die Aufteilung einer Gesamtaufgabe in Teilaufgaben;
- Mengenteilungen, um beispielsweise Leerläufe zu minimieren

Aufgabe 24

Die Personalplanung hat das Ziel, dass das Unternehmen jederzeit
- die richtige Anzahl an Personal,
- in der richtigen Qualifikation,
- zum richtigen Zeitpunkt,
- am richtigen Ort und
- im vorgegebenen Kostenplan

zur Verfügung hat.

Aufgabe 25

Beim Zeitlohn wird das Entgelt in Abhängigkeit von der eingesetzten Zeit gezahlt, aber unabhängig von der tatsächlichen Leistung. Diese wird vorab definiert und ein "relativ" gerechter Lohn definiert.

Aufgabe 26

Beim Akkordlohn wird die tatsächlich erbrachte Leistung entgeltet. Unterscheiden lassen sich Einzel- und Gruppenakkord. Beim Einzelakkord wird die Leistung des Einzelnen bezahlt, beim Gruppenakkord das Ergebnis einer Gruppe. Beim Akkordlohn wird ein Entgelt je erbrachter Leistung bestimmt und mit der erbrachten Leistung multipliziert. Das Ergebnis ist der Bruttolohn des Mitarbeiters.

Aufgabe 27

Beim Prämienlohn setzt sich das Gehalt aus einem leistungsunabhängigen Teil, dem Grundlohn, und einem leistungsabhängigen Teil, der Prämie, zusammen. Der Prämienlohn wird eingesetzt, wenn die Berechnung genauer Akkordsätze unwirtschaftlich ist.

Aufgabe 28

Zur Wartung gehören beispielsweise

- Reinigen
- Ölen
- Pflegen
- Schmieren
- Hilfsstoffe ergänzen

Aufgabe 29

- Arbeitsproduktivität
- Auslastungsgrad
- Ausschussquote
- Wertschöpfung pro Kopf
- Wirtschaftlichkeit

Aufgabe 30

- Losgrößenoptimierung
- Bestände senken
- Reduzierung von Durchlaufzeiten
- Prozessverbesserung durch KVP etc.

Aufgabe 31

FMEA steht für „Failure-Mode-and-Effects-Analysis" = „Fehler-Möglichkeiten-Einfluss-Analyse"

Aufgabe 32

- Produktions-FMEA
- Produkt-FMEA
- System-FMEA
- Prozess-FMEA
- usw.

Aufgabe 33

Die Planung des langfristigen Fertigungsprogramms beginnt mit grundsätzlichen unternehmerischen Entscheidungen. Am Anfang wird festgelegt in welcher Branche das Unternehmen tätig werden soll, anschließend in welchem Produktfeld es sich engagiert und letztendlich welche Produktgruppe aus diesem Produktfeld belegt werden soll. Die eigenen Produkte sollen sich von denen der Konkurrenten unterscheiden, daher sollte die Produktidee ein Alleinstellungsmerkmal von besonderer Güte aufweisen. In der Produktidee schlagen sich diese Erkenntnisse im Fertigungsprogramm nieder.

Aufgabe 34

Man unterscheidet bei der kurzfristigen Fertigungsprogrammplanung zwischen
- Absatzorientierter Programmplanung: sie liegt dann vor, wenn keine Kapazitätsbeschränkungen gegeben sind und die Produkte gefertigt werden, die den größten Deckungsbeitrag erbringen.

- Engpassorientierung der Programmplanung: die liegt dann vor, wenn die Kapazität einer Fertigungsstelle (z. B einer Maschine) nicht ausreicht, um alle Produkte mit einem Deckungsbeitrag >0 herzustellen. Es wird das Produktprogramm ausgewählt, dass – unter Beachtung des Engpasses (= relativer Deckungsbeitrag) – zum größten Gesamtertrag führt.

Aufgabe 35

Die Vorteile der Fließfertigung sind:

- durch Verknüpfung der Transportwege geringere Transportkosten
- schneller Durchlauf der Werkstücke, keine Wartezeiten
- Verminderung der Zwischenlager
- exakte Bestimmung des Materialverbrauchs möglich
- Arbeitstempo der Arbeitskräfte wird durch das Band bestimmt
- Einsparung von Lagerkosten
- Größere Geschicklichkeit der Arbeitskräfte, durch gleiche immer wiederkehrende Handgriffe und dadurch bedingt höheres Arbeitstempo möglich
- Hohe Planungssicherheit bezüglich Lieferterminen

Die Nachteile der Fließfertigung sind:

- Geringe Anpassungsfähigkeit an Nachfrageschwankungen
- Hoher Kapitalbedarf
- Anfällig gegenüber menschlichen und maschinellen Störungen
- Hohe psychologische Belastung der Arbeitskräfte
- Löhne werden zu fixen kosten, denn jeder Arbeitsplatz muss besetzt sein
- Lange Kapitalbindung

Aufgabe 36

Zur Einzelfertigung:

In der Regel wird nur eine Einheit des Produkts hergestellt. Werden mehrere Produkte gleichzeitig produziert, so sind sie voneinander verschieden. Außerdem liegt keine Wiederholung des Fertigungsprozesses vor. Betriebe die diesen Fertigungstyp anwenden, arbeiten meist auf Bestellung und die Auftragsausführung erfolgt nach speziellen Kundenwünschen. Es existiert kein festes Produktionsprogramm, es wird alles hergestellt was mit den vorhandenen Betriebsmitteln und Arbeitskräften produziert werden kann.

Beispiele finden sich im Maschinenbau, Wohnungsbau- und Industriebau, Schiffsbau und Brückenbau.

Aufgabe 37

An die Gestaltung von Arbeitsmitteln werden folgende grundlegenden Anforderungen gestellt:

- Sie sollen dazu dienen, das gewünschte Arbeitsergebnis leichter zu erreichen als dies ohne diese Arbeitsmittel möglich wäre (Aufgabenangemessenheit).
- Die Benutzung von Arbeitsmitteln soll zu keinen negativen Auswirkungen auf Wohlbefinden und Gesundheit führen (Prävention).
- Die Benutzung der Arbeitsmittel soll keine Gefährdung beim Menschen hervorrufen (Arbeitssicherheit).
- Die Anwendung von Arbeitsmitteln sollen für die Arbeitsperson in ihren Auswirkungen vorhersehbar und kontrollierbar sein (Kontrollbewusstsein).
- Arbeitsmittel sollen den Menschen in seiner Arbeitstätigkeit unterstützen, aber nicht ersetzen (Werkzeugfunktion).

Aufgabe 38

In der deterministischen Bedarfsermittlung wird der Bedarf exakt nach Menge und Termin auf Basis konkreter Aufträge bzw. durch das Produktionsprogramm ermittelt.

Aufgabe 39

In der stochastischen Bedarfsermittlung wird aus den Daten der Vergangenheit der wahrscheinliche zukünftige Bedarf abgeleitet. Die Daten werden statistisch analysiert (Mittelwerte, Regressionsrechnungen) und dann in eine Prognose überführt.

Aufgabe 40

Bei Trendveränderungen sorgt die stochastische Bedarfsermittlung für fehlerhafte Bestellmengen.

Aufgabe 41

3000 Stück / Tag × (6 Tage + 12 Tage) = 54000 Stück

Bei einem Bestand von 54000 Stück muss eine Bestellung erfolgen.

Aufgabe 42

Die feste Lagerplatzzuordnung sieht einen festen Lagerplatz für jeden Artikel vor. Vorteil ist, dass die Waren schnell wiedergefunden werden, Nachteil ist die regelmäßig geringe Auslastung.

Aufgabe 43

Die freie (= chaotische) Lagerplatzzuordnung arbeitet ohne feste Lagerplätze. Die Einlagerung erfolgt willkürlich. Vorteil ist die regelmäßig höhere Auslastung, Nachteil das schlechte Wiederfinden.

Aufgabe 44

Die einzelnen Arbeitsvorgänge werden bei der Rückwärtsterminierung vom spätesten Fertigstellungstermin aus rückwärts terminiert. Ermittelt wird damit der späteste Starttermin für jeden einzelnen Vorgang.

Aufgabe 45

Die einzelnen Termine für die einzelnen Vorgänge werden bei der Vorwärtsterminierung von einem fixen Starttermin aus vorwärts geplant. Damit werden relativ sichere Arbeitspläne erstellt.

Aufgabe 46

Die Anordnung der Betriebsmittel und der Arbeitsplätze erfolgt nach dem Produktionsablauf, d.h. vollzieht sich der Durchfluss des Materials vom Rohstoff bis zum Fertigungsprodukt und von Produktionsstufe zu Produktionsstufe ohne Unterbrechung, so spricht man von Fließfertigung. Die Arbeitsgänge erfolgen pausenlos und sind zeitlich genau aufeinander abgestimmt. Ihre präziseste Ausbildung erfährt die Fließfertigung durch die Verwendung von Fließbändern. Beispiel → Fließband-fertigung in der Automobilindustrie. Mit Hilfe von Fließbändern (Fertigungsstraßen), auf denen die Werkstücke mechanisch von Arbeitsplatz zu Arbeitsplatz weiterbefördert werden, wird eine Beschleunigung des Fertigungsprozesses erzielt. Die Arbeitszerlegung und Spezialisierung der Arbeitsgänge erreicht hier ihre höchste Stufe.

Aufgabe 47

Im Produktentstehungsprozess werden meistens 3 Hauptzyklen durchlaufen. Der erste Zyklus widmet sich der strategischen Produkt- und Prozessplanung d.h. hier werden erfolgversprechende Produktkonzeptionen definiert. Dabei meint erfolgversprechend technisch machbar, wirtschaftlich herstellbar und in die Unternehmensstrategie passend. Im zweiten Zyklus findet die eigentliche Produktentwicklung statt. Aus dem Konzept wird dabei eine konkrete Konstruktion erarbeitet und falls nötig durch elektr. Komponenten und Software ergänzt. Das Endergebnis ist ein voll funktionsfähiger Prototyp und ein Fertigungskonzept. Beim dritten Zyklus steht die Planung des Herstellungsprozesses im Vordergrund. Diese Phase erstreckt sich ausgehend vom Aufgabenbereich, Entwurf und Ausarbeitung über die Fertigungsplanung bis hin zum Serienanlauf. Ziel der Fertigungsplanung ist die Bestimmung von Arbeitsanweisungen und die Bereitstellung der Fertigungsmittel. Im Rahmen des Serienanlaufs erfolgt eine Optimierung des Produktes und Fertigungssystems Die Endprüfung bildet den Abschluss.

Aufgabe 48

Die Vorteile der Gruppenfertigung gegenüber der Werkstattfertigung sind:

- gegenüber der reinen Werkstattfertigung wird bei der Gruppenfertigung der Fertigungsprozess beschleunigt
- verkürzte Transportwege, dadurch entstehen auch geringere Transportkosten
- es werden keine Zwischenlager benötigt
- die Übersichtlichkeit des Fertigungsprozesses wird erhöht

Die Vorteile der Gruppenfertigung gegenüber der Fließfertigung sind:

1. geringere Störungsanfälligkeit
2. es wird weniger Kapital benötigt

3. höhere Flexibilität

4. die Arbeitskräfte werden vielseitiger eingesetzt

Aufgabe 49

Zur Einzelfertigung:

In der Regel wird nur eine Einheit des Produkts hergestellt. Werden mehrere Produkte gleichzeitig produziert, so sind sie voneinander verschieden. Außerdem liegt keine Wiederholung des Fertigungsprozesses vor. Betriebe die diesen Fertigungstyp anwenden, arbeiten meist auf Bestellung und die Auftragsausführung erfolgt nach speziellen Kundenwünschen. Es existiert kein festes Produktionsprogramm, es wird alles hergestellt was mit den vorhandenen Betriebsmitteln und Arbeitskräften produziert werden kann.

Beispiele finden sich im Maschinenbau, Wohnungsbau- und Industriebau, Schiffsbau und Brückenbau.

Aufgabe 50

An die Gestaltung von Arbeitsmitteln werden folgende grundlegenden Anforderungen gestellt:

- Sie sollen dazu dienen, das gewünschte Arbeitsergebnis leichter zu erreichen als dies ohne diese Arbeitsmittel möglich wäre (Aufgabenangemessenheit).
- Die Benutzung von Arbeitsmitteln soll zu keinen negativen Auswirkungen auf Wohlbefinden und Gesundheit führen (Prävention).
- Die Benutzung der Arbeitsmittel soll keine Gefährdung beim Menschen hervorrufen (Arbeitssicherheit).
- Die Anwendung von Arbeitsmitteln sollen für die Arbeitsperson in ihren Auswirkungen vorhersehbar und kontrollierbar sein (Kontrollbewusstsein).

- Arbeitsmittel sollen den Menschen in seiner Arbeitstätigkeit unterstützen, aber nicht ersetzen (Werkzeugfunktion).

Aufgabe 51

Die Schnittstelle zwischen Mensch und Maschine (HMI) ist die Benutzerschnittstelle. Man findet sie überall dort, wo ein Menü auf einem Display dargestellt wird und über dieses Menü ein Dialog zwischen Mensch und Maschine erfolgt, der eine Interaktion bewirkt. Die Mensch-Maschine-Schnittstelle bestimmt die Art und Weise wie Mensch und Maschine unmittelbar miteinander kommunizieren, wie der Mensch seine Anweisungen an die Maschine übermittelt und in welcher Form diese die Anweisungen ausführt und die Ergebnisse ausgibt.

Aufgabe 52

Beim Konzept des Job-Enlargement (Arbeitserweiterung) werden mehrere strukturell gleichartige, miteinander in Beziehung stehende Arbeitsfunktionen oder Arbeitsaufgaben zu einer Gesamtaufgabe zusammengefasst. Durch eine solche „quantitative" oder horizontale Arbeitserweiterung kann einseitige physische Belastung vermieden werden (z.B. durch Wechsel zwischen sitzender und stehender Tätigkeit). Wechselnde mentale Anforderungen reduzieren die Gefahr von Ermüdung bzw. ermüdungsähnlichen Zuständen, wie Monotonie.

Nachteil: Da die Beschäftigten innerhalb ihrer Tätigkeit meist nur zwischen wenig bedeutsamen Teiltätigkeiten mit geringen Anforderungen wechseln können, führt dieses Konzept allerdings nicht zu einer nachhaltigen Motivationssteigerung.

Aufgabe 53

Im Konzept der teilautonomen Gruppenarbeit werden die Grundgedanken des Job-enlargements, des Job-enrichments und des Job-rotation im Sinne einer kollektiven Aufgabenerweiterung aufgegriffen und auf die Gruppensituation übertragen. Dabei werden unvollständige, anspruchslose Aufgaben zu vollständigen, geistig anregenden, motivierenden Gruppenaufgaben zusammengefasst. Eine Teilautonome Arbeitsgruppe besteht aus mehreren Mitarbeitern aus verschiedenen hierarchischen Ebenen im Unternehmen. Die Gruppe organisiert sich selbstständig, das heißt sie verteilt die anfallenden Aufgaben selbstständig auf die Gruppenmitglieder.

Aufgabe 54

Ein Fertigungsauftrag ist ein innerbetrieblicher Auftrag zur Produktion einer definierten Menge von einem bestimmten Teil, einer Baugruppe oder einem Enderzeugnis. Er wird angestoßen durch einen Kundenauftrag, oder ein innerbetriebliches Ereignis wie beispielsweise dem Unterschreiten eines Meldebestandes bei einem eigengefertigten Teil im Rahmen der Materialwirtschaft. Er dient der Arbeitsvorbereitung (AV) zur kurzfristigen Kapazitätsplanung, der Fertigung zur Bereitstellung der Fertigungspapiere und der Benachrichtigung zur Auftragsfreigabe. Im Produktions-Controlling ermöglicht er die Ermittlung der Herstellkosten und die Ermittlung von Abweichungen.

Aufgabe 55

Man unterscheidet primäre und sekundäre Fertigungsaufträge. Primäre Fertigungsaufträge beziehen sich auf die Enderzeugnisse eines Unternehmens und werden in der Regel durch einen eingegangenen Kundenauftrag ausgelöst. Sekundäre Fertigungsaufträge beziehen sich hingegen auf Baugruppen oder Teile, die zur Produktion der Enderzeugnisse benötigt werden und nicht fremd beschafft sondern eigengefertigt werden. Sie werden im Rahmen der Bedarfsrechnung (Materialwirtschaft) aus den primären Fertigungsaufträgen ermittelt.

Aufgabe 56

Die Stufen die nach zunehmender Genauigkeit geordnet sind, sind die Grobplanung, die Mittelfristplanung und die Feinplanung. Charakteristisch für die Grobplanstufe ist die Planung auf Erzeugnisebene, da Mengen- und Terminangaben häufig noch unsicher sind und meist noch keine genauen Angaben über den Aufbau der Produkte und den Arbeitsablauf vorliegen. In der Mittelfristplanung werden Werkstattzeichnungen und Stücklisten vorausgesetzt. Aus letzteren wird im Rahmen der Disposition zunächst der Mengenbedarf an Baugruppen und Teilen einschließlich des Solltermins berechnet. Für jedes Eigenfertigungsteil erfolgen dann die Durchlaufplanung sowie anschließend die Kapazitätsterminierung für die betroffenen Arbeitssysteme.

In der Feinplanung schließlich findet die Feinterminierung einzelner Arbeitsvorgänge im Rahmen der Arbeitsverteilung statt. Die Feinterminierung stellt die Schnittstelle zur Auftragsdurchführung dar und wird zusammen mit dem Rückmeldesystem auch als Durchsetzungssystem bezeichnet.

Aufgabe 57

Liegt der Plan-Starttermin oder sogar der Plan-Fertigstellungstermin eines Auftrags in der Vergangenheit so sind gegebenenfalls Sondermaßnahmen zu ergreifen. Hierbei bieten sich verschiedene Maßnahmen an: Reduzierung der Übergangszeiten, die zeitliche Überlappung von aufeinander folgenden Arbeitsvorgängen oder die Aufteilung eines Loses auf mehrere Arbeitssysteme.

Aufgabe 58

Manufacturing Execution Systeme erfassen in Echtzeit alle wichtigen Daten aus dem Fertigungsprozess und sorgen damit für die notwendige Transparenz zur Erkennung von Störungen. Je nach Funktionsumfang des MES können hierbei Einflussgrößen wie beispielsweise:

- Termine und Auftragsfortschritt (Betriebsdatenerfassung)

- Maschinenstatus (Maschinendatenerfassung)
- Material- und Chargeninformationen (Material- und Produktionslogistik)
- Personalanwesenheit (Personalzeiterfassung)
- Qualitätsdaten (z. B SPC)
- Prozessdaten, wie Temperaturen und Drücke (Prozessdatenerfassung)

überwacht werden. Die Erfassung der Daten erfolgt entweder durch die direkte Anbindung von Maschinen, Messmitteln, Barcodescannern, RFID oder durch manuelle Eingaben der Werker am Arbeitsplatz. In beiden Fällen sind die Informationen bereits während des Fertigungsprozesses verfügbar. Damit können Störungen schnell erkannt werden.

Aufgabe 59

Bei der kurzfristigen Störungsbeseitigung geht es meist darum, auf ungeplante Unterbrechungen, wie z. B Störungen ausgelöst durch Maschinendefekte, Werkzeugbrüche, fehlendem Material, ausgefallenen Mitarbeitern o. ä. zu reagieren, um Terminüberschreitungen oder Kollisionen mit anderen Fertigungsaufträgen zu vermeiden. Wenn Störungen nicht schnell behoben werden können, muss nach Fertigungsalternativen gesucht werden.

Aufgabe 60

Durch den Arbeitsplan wird der gesamte Produktionsablauf gegliedert und lässt sich folglich besser organisieren. Da er zudem die Ausführungszeiten festlegt, werden Kalkulationen, Kapazitätsplanung, Terminplanungen und eine Erstellung von Auftragsbelegen ermöglicht. Die Angaben zum Arbeitsplan sind Auftragsmenge, Menge je Los, Los-Nummer und Auftragsnummer.

Aufgabe 61

Die prinzipiellen Möglichkeiten der Kapazitätsabstimmung sind Kapazitätsanpassung, Belastungsanpassung und der Belastungsabgleich.

Bei einer Kapazitätsanpassung wird die Kapazität an den terminierten Bedarf angepasst. Anpassungsmaßnahmen im Bereich der Betriebsmittel sind dabei ebenso wie Anpassungen der Personalkapazitäten überwiegend mittel- bis langfristiger Natur. Wenn eine entsprechende Qualifikation der Mitarbeiter vorliegt, können durch einen innerbetrieblichen Austausch aber auch im Kurzfristbereich flexible Kapazitäten eingeplant werden. Bei der Belastungsanpassung werden Aufträge ganz oder teilweise an Fremdfirmen abgegeben oder es werden im umgekehrten Fall zusätzliche Aufträge angenommen. Auch dieser Maßnahmen-komplex ist in der Regel mittelfristig zu planen, um entsprechende Vereinbarungen mit den jeweiligen Fremdfirmen treffen zu können. Maßnahmen aus dem Bereich des Belastungsabgleichs sind oftmals kurzfristig umzusetzen. Beim zeitlichen Ausgleich wird versucht, die Belastung durch eine Mengenänderung oder ein zeitliches Verschieben von Aufträgen oder einzelnen Arbeitsvorgängen an die Kapazität anzupassen. Beim technologischen Ausgleich hingegen werden einzelne Arbeitsvorgänge auf andere Betriebsmittel verlagert, sofern diese zum verlangten Zeitpunkt freie Kapazitäten haben und die technischen Voraussetzungen zur Bearbeitung des Auftrags gegeben sind.

Aufgabe 62

Gutenberg untergliedert den Faktor Arbeit in dispositive Arbeit (Planung, Organisation, Kontrollen etc.) und in objektbezogene Arbeit (Arbeit am Erzeugnis). Die volkswirtschaftlichen Faktoren Boden und Kapital werden zusammengefasst und betriebswirtschaftlich gegliedert in:

Betriebsmittel: Grundstücke, Gebäude, Anlagen, Maschinen, Einrichtungen und Geldmittel.

Werkstoffe: alle Roh-, Hilfs- und Betriebsstoffe, Halb- und Fertigerzeugnisse, die als Bestandteil in die Erzeugnisse eingehen oder, wie Energie und Schmiermittel, zum Betrieb von Betriebsmitteln erforderlich sind.

Laut Gutenberg werden die drei Faktoren durch einen vierten, dispositiven Faktor zu einer produktiven Einheit kombiniert. Der dispositive Faktor bildet den planerischen und strategisch-operativen Einsatz der vorgenannten Faktoren im Unternehmen ab. Es handelt sich um ein immaterielles Gut, welches nur im begrenzten Umfang substituiert werden kann. Der dispositive Faktor wiederum wird unterteilt in den originären und den derivativen Faktor. Der originäre Faktor ist die Be-triebs- und Geschäftsleitung, die über die Kombination und den Einsatz der Elementarfaktoren (Arbeit, Betriebsmittel, Werkstoffe) entscheidet. Er wird dabei durch die derivativen (abgeleiteten) Faktoren der Planung, Organisation und Kontrolle unterstützt.

Aufgabe 63

Zweck der langfristigen Störungsbeseitigung ist die genaue Störungsanalyse um Störungen dauerhaft zu vermeiden. Eine wichtige Funktion zur Störungsanalyse ist die Auswertung aller Störungen nach der Störungshäufigkeit bzw. -dauer. Die Funktion ist vergleichbar mit der eines Flugschreibers in der Fliegerei. Eine solche Auswertung zeigt, dass ca. 20% der häufigsten Störungsursachen für rund 80% aller Störungen verantwortlich sind. Ziel sollte es sein, durch die Beseitigung dieser 20% bereits 80% aller Störungen zu vermeiden. Um Störungsursachen dauerhaft abstellen zu können, müssen deren systematischen Einflüsse gefunden werden. Sind die systematischen Einflüsse erkannt, können gezielte Maßnahmen getroffen werden, um ein erneutes Auftreten von Störungen zu vermeiden (Prinzip Flugschreiber).

Aufgabe 64

Die Ziele eines optimierten Materialflusses sind:
- Verkürzung der Durchlaufzeit (schneller Transport, keine Liegezeiten für

die Güter, keine Wartezeiten für die Fördermitteln und optimale Verbindung zwischen Material- und Informationsfluss)

- Verminderung des Ausschusses (keine Beschädigung und Verlust der Transportgüter auf dem Transport)

- Verbesserung der Arbeitsbedingungen (leichte Bedienbarkeit der Fördermittel, unfallsichere Arbeitsbedingungen und geringe körperliche Belastung der Arbeitskräfte)

- Einsparung der Kosten (geringe Anschaffungs- und Wartungskosten, bessere Ausnutzung der Räume und Lagerflächen und flexible Nutzung der Fördermittel)

Aufgabe 65

Das Ziel einer Rationalisierung ist es die Leistung zu erhöhen und die Kosten zu senken. Zur Rationalisierung gehören alle Maßnahmen, die das Ziel verfolgen, einen höheren Output (z.b. Menge, Umsatz, Gewinn) mit demselben Input (z.B. Arbeit, Betriebsmittel, Werkstoffe) oder einen gleichen Output mit geringerem Einsatz von Produktionsfaktoren (Input) zu erzielen.

Aufgabe 66

Bei der Produktorientierten Rationalisierung die sich auf vollständige Produkte oder auf deren Einzelteile bezieht, wird unterschieden zwischen:

- Normung
- Typung
- Einführung von Baukastensystemen
- Spezialisierung

Unter Normung versteht man die Vereinheitlichung von Formen, Größen und Qualitäten von Einzelteilen und einfachen Erzeugnissen. Auch die Normen werden untergliedert in Grundnormen und Fachnormen. Die Grundnormen beinhalten hierbei grundlegende Normen für die gesamte Technik oder für mehrere Fachgebiete (z. B. für Einheiten und Formelgrößen, technisches Zeichnen und Passungen (DIN-, ISO-Normen)). Die Fachnormen beziehen sich nur auf bestimmte Fachgebiete (z.b. Elektrotechnik, Maschinenbau, etc.).

Die Typung bezeichnet die Vereinheitlichung von Endprodukten, die aus vielen verschiedenen Einzelteilen zusammengesetzt sind. Durch die Einführung von Baukastensystemen werden bei verschieden Erzeugnissen eines Betriebes die gleichen Bausteine bzw. Baugruppen verwendet. Ein gutes Beispiel liefert hier die Automobilindustrie. Dort werden für verschiedene Modelle gleiche Baugruppen (Motoren, Gaspedale, etc) verwendet. Bei der Spezialisierung wird die Produktion auf wenige Erzeugnisse beschränkt. Dadurch können kleine und mittlere Unternehmen nun Vorlieferant für die Großindustrie werden (Zulieferindustrie). Unter Berücksichtigung der genannten Verfahren kann so durch Produktorientierte Rationalisierung eine beachtliche Verminderung der Produktionskosten erzielt werden.

Aufgabe 67

KVP oder der kontinuierliche Verbesserungsprozess bezeichnet die stetige Verbesserung der Produkt-, Prozess- und Servicequalität. KVP ist eine innere Haltung aller Beteiligten. Diese Haltung durchdringt dann alle Aktivitäten. Dabei arbeiten die Mitarbeiter eigenständig in ihren Abteilungen und Teams an laufenden Verbesserungen in ihrem Verantwortungsbereich und in ihrem Umfeld. Umgesetzt wird KVP durch einen Prozess stetiger kleiner Verbesserungsschritte (im Gegensatz zu eher großen, sprunghaften, einschneidenden Veränderungen). Um wirtschaftliche Erfolge aus KVP zu erzielen, ist es wichtig, diesen Prozess in die all-gemeine Unternehmenskultur zu etablieren. Dazu müssen die entsprechenden Rahmenbedingungen, wie Bereitstellung von Arbeitszeit, Weiterbildungsmaßnahmen, Implementierung in Arbeitsabläufe und Prozesse und vor allem die Umsetzung der Ideen, geschaffen werden.

Aufgabe 68

Computer Integrated Manufacturing (CIM) bezeichnet die computerintegrierte Informationsverarbeitung für betriebswirtschaftliche und technische Aufgaben eines Industriebetriebs. Der entscheidende Buchstabe ist das „I" (für Integration). Die Softwaresysteme im Produktionsbereich sollen keine Insellösungen sein, sondern als integrierte Systeme zusammenwirken und sind dadurch ein Konzept um den gesamten Informationsfluss zu rationalisieren. Integration beinhaltet Funktionsintegration und Datenintegration. Von Funktionsintegration spricht man, wenn Funktionen aus verschiedenen Softwaresystemen dem Benutzer für eine durchgängige Vorgangsbearbeitung gleichzeitig zur Verfügung stehen oder sich gegenseitig anstoßen können („triggern"). Datenintegration liegt vor, wenn die gleichen Daten von verschiedenen Softwaresystemen genutzt werden können.

Aufgabe 69

Aufgabe von CAD-Systemen ist die Unterstützung des Konstrukteurs beim Entwurf und der Konstruktion von Produkten. Mit dem Begriff CAD werden alle Hilfsmittel zusammengefasst, die eine Geometriedatenverarbeitung erlauben. Dabei handelt es sich in der Regel um Konstruktionszeichnungen, Pläne, Diagramme etc. Das Kernstück eines CAD-Systems ist ein Werkzeug zur Erstellung mehrdimensionaler Grafiken (2D,3D).Technische Basis von CAD-Systemen sind leistungsfähige Grafik-Workstations mit Farbbildschirmen. Die Eingaben erfolgen mit Maus, Lichtgriffel oder Grafiktablett. Zur Datenspeicherung dienen objektorientierte Datenbanksysteme.

Aufgabe 70

Arten des Personalbedarfs können sein:

- Ersatzbedarf, von ausscheidenden Mitarbeitern verursachter Bedarf bedingt durch Tod, Invalidität, Ruhestand oder Kündigung durch Arbeitgeber oder Arbeitnehmer,

- Neubedarf (Erweiterungsbedarf), über den momentanen Personalbestand hinausgehenden (zusätzlichen) Personalbedarf z.B. wegen Erhöhung der Betriebskapazitäten, Arbeitszeitverkürzungen, Expansion,

- Minderbedarf (Personaleinschränkung), Rückgang des Personalbedarfs beispielsweise bedingt durch Rationalisierungsmaßnahmen, Strukturkrisen, Rezession,

- Reservebedarf, zusätzlich zum Stammpersonal für Notsituationen bereit gehaltenes Stammpersonal wie die „Rufbereitschaft" im Störungsfall (z. B. Rechenzentren),

- Zusatzbedarf, kurzfristiges zusätzliches Personal beispielsweise wegen saisonalen Spitzen wie z.b. Weinlese, Süßwarenproduktion (Ostern, Weihnachten),

- Freistellungsbedarf, wegen Personalüberschuss, der aus verschiedenen Gründen abgebaut werden muss, beispielsweise bei Absatzschwierigkeiten, bei Produktionseinschränkungen, Betriebsstilllegungen, Schließung von Betriebsteilen und Filialen, bei Rationalisierungsinvestitionen, etc.

Aufgabe 71

Es ist Aufgabe der Personalentwicklungsplanung, Maßnahmen zur Qualifizierung der Mitarbeiter gedanklich vorzubereiten und durchzuführen. Im Mittelpunkt steht die Aus- und Fortbildung der Mitarbeiter, mit dem Ziel, den mittel- und langfristigen Bildungsbedarf eines Unternehmens in Abstimmung mit dem Qualifikationspotential der Mitarbeiter zu decken. Unter Berücksichtigung der individuellen Entwicklungspläne der Mitarbeiter ist die Personalentwicklungsplanung ausgerichtet auf die Anpassungs- und Aufstiegsqualifizierung.

Aufgabe 72

In der Personalentwicklungsplanung lassen sich drei Planungshorizonte unterscheiden:

- kurzfristige Entwicklungsplanung, hier werden kurzfristig auftretende Bildungsdefizite während des Jahres beseitigt.
- mittelfristige Entwicklungsplanung, in der jährlichen Bildungsplanung sollen neben individuellen Bildungsplänen auch Berufsgruppenpläne sowie Karriere- und Nachfolgepläne umgesetzt werden.
- langfristige Entwicklungsplanung, geplante Veränderungen etwa im technischen oder organisatorischen Bereich werden in der langfristigen Planung antizipativ vorbereitet. Vor allem wenn mit den geplanten Veränderungen auch eine Neuausrichtung der personalpolitischen Strategie einhergeht, ist langfristig zu planen. Möchte ein Industrieunternehmen zukünftig auch spezialisierte Dienstleistungen anbieten, sind die Mitarbeiter dementsprechend zu qualifizieren.

Aufgabe 73

Die absolute Lohnhöhe ist der Geldbetrag, den der Arbeitnehmer für seine nach Art und Umfang bestimmte Arbeitsleistung erhält. Hierbei wird das Verteilungsproblem der Zurechnung der Wertschöpfung auf die Arbeitnehmer und Kapitaleigner angesprochen. Die relative Lohnhöhe betrifft die Bestimmung der Verhältnisse der Einzellöhne untereinander, also die Festlegung der Höhe der Entlohnung für eine Tätigkeit im Verhältnis zu anderen Tätigkeiten.

Aufgabe 74

Man spricht von einer qualifikationsgerechten Entlohnung, wenn die Qualifikation und damit die Vielseitigkeit des Mitarbeiters als Kriterium für die Vergütung herangezogen werden.

Man spricht von einer sozialgerechten Entlohnung, wenn sich die Vergütung nach den Kriterien des Bedarfs bzw. nach sozialen Gesichtspunkten richtet. In den heutigen Lohntarifen werden z. B. folgende Gesichtspunkte berücksichtigt:

- die Staffelung der Entgelte nach dem Lebensalter
- die Staffelung der Entgelte nach dem Familienstand
- der Anspruch auf bezahlten Urlaub
- der Anspruch auf Krankengeld
- Garantie auf Mindestlohn bei Akkordarbeit
- Anspruch auf Lohnzulagen bei Mehrarbeit und Überstunden, Nachtarbeit, Sonn- und Feiertagsarbeit

Aufgabe 75

Die Entlohnung beim Zeitlohn erfolgt nach der Dauer der Arbeitszeit ohne Berücksichtigung der während dieser Zeit geleisteten Arbeit. Beim Zeitlohn wird für eine bestimmte Zeiteinheit ein bestimmter Lohnsatz festgelegt. Bei Arbeitern wird als Bezugsgröße gewöhnlich die Stunde gewählt. Jedoch erhalten gewerbliche Arbeitnehmer aufgrund der immer mehr angestrebten Gleichbehandlung von Arbeitern und Angestellten häufig einen sogenannten Monatslohn. Dieser ist ein festes Entgelt, das für die Normalarbeitszeit gezahlt wird. Eventuelle Mehrarbeit oder Zulagen und Zuschläge werden in diesem Fall gesondert berechnet und ausgezahlt. Das Gehalt bzw. die Vergütung für Angestellte und die Besoldung für Beamte sind ebenfalls Zeitlöhne.

Aufgabe 76

Zur Ermittlung des Akkordlohns wird zuerst ein Akkordrichtsatz bestimmt, der den Grundlohn bildet. Dieser Akkordrichtsatz setzt sich zusammen aus: Grundentgelt + Akkordzuschlag. Der Akkordzuschlag entspricht etwa 15-20%

des Grundlohns (Mindestlohns) und soll die Bereitschaft zum Akkord honorieren und berücksichtigen, dass der Akkordarbeiter gegenüber dem Zeitlohnarbeiter eine höhere Arbeitsintensität aufweist. Der Akkordrichtsatz, der auch bei Leistungen unter der Normalleistung gezahlt wird, liegt somit höher als der tarifliche Grundlohn.

Aufgabe 77

In der heutigen Instandhaltung werden unterschiedliche Strategien genutzt:

- Reparatur nach Ausfall: Es wird keinerlei vorbeugende Instandhaltung betrieben. Der Ausfall wird in Kauf genommen und Fehler beim Auftreten behoben.

- Präventive Wartung: Es werden vorbeugende Maßnahmen (Inspektionen oder Wartungen) durchgeführt, um ggf. vor Auftritt eines Fehlers entsprechend handeln zu können. Diese Maßnahmen können zum einen zeitbasiert, als auch auf anderen Kriterien (Stückzahlen, Laufzeiten) basierend sein.

- Vorausschauende Wartung: Es werden auf Basis von vorliegenden Informationen (z.B. Verschleiß) die notwendigen Zeitpunkte zur Durchführung von notwendigen Wartungen festgelegt.

Aufgabe 78

Die Aufgaben der Betriebsmittelplanung sind die Auswahl, Beschaffung, Gestaltung und Erhaltung von Maschinen, Werkzeugen, Messgeräten etc. sowie die Auswahl von Fertigungs- und Prüfverfahren. Im weitesten Sinne gehören auch die Gebäude mit allen Anlagen (z. B. Heizung, Stromversorgung) in den Bereich der Betriebsmittelplanung. Ein wesentlicher Bestandteil der Betriebsmittelplanung ist außerdem die Spezifikation der einzelnen Betriebsmittelressourcen.

Aufgabe 79

Das Hauptziel der Instandhaltung ist die Sicherstellung, dass der funktionsfähige Zustand von technischen Systemen, Geräten und Betriebsmitteln erhalten bleibt oder bei Ausfall wieder hergestellt wird. Somit ist ein Ziel auch die Prävention von Systemausfällen. Weitere Ziele können sein:

- Erhöhung und optimale Nutzung der Lebensdauer von Maschinen und Anlagen
- Verbesserung der Betriebssicherheit
- Erhöhung der Anlagenverfügbarkeit
- Optimierung von Betriebsabläufen
- Reduzierung von Störungen
- Vorausschauende Planung von Kosten

Aufgabe 80

Die technische Verfügbarkeit beschreibt das Störverhalten eines Betriebsmittels. Wesentliche Parameter hierbei sind die prozentuale Verfügbarkeit sowie die durchschnittliche Instandsetzungsdauer.

Das Arbeitszeitmodell definiert den Zeitraum, in dem ein Betriebsmittel für die Abarbeitung der Fertigungsaufträge zur Verfügung steht. Da das Arbeitszeitmodell starken Einfluss auf die Ausbringungsmenge eines Betriebsmittels hat, ist eine detaillierte Spezifikation des Arbeitszeitmodells für eine aussagekräftige Betriebsmitteldimensionierung unerlässlich. Hierzu ist ggf. auch der Werkskalender eines Unternehmens zu berücksichtigen. Innerhalb des Werkskalenders erfolgt neben der Festlegung des Grundschichtmodells auch die Festlegung der werkübergreifenden Urlaubs- und Feiertage.

Aufgabe 81

Die Materialbedarfsplanung hat die Funktion den konkreten Bedarf an Materialien in einer Periode zu ermitteln. Dabei kann zwischen der auftragsbezogenen und der verbrauchsorientierten Materialbedarfsplanung unterschieden werden. Bei der auftragsbezogenen Materialbedarfsplanung wird Anhand von konkreten Aufträgen der Materialbedarf ermittelt. Bei der verbrauchsorientierten Materialbedarfsplanung wird versucht, den zukünftigen Verbrauch mit Hilfe der Vergangenheitsverbräuche zu ermitteln.

Aufgabe 82

Die verbrauchsorientierte Materialbedarfsplanung basiert auf empirischen Aufzeichnungen über den Bedarf an Material in der Vergangenheit. Aufgrund dieser Aufzeichnungen wird dann durch Anwendung eines Verfahrens zur kurzfristigen Bedarfsprognose auf den zukünftigen Bedarf geschlossen. Sie wird angewandt, wenn:

- keine Produktprogramm-Planung möglich ist,
- keine Stücklisten vorhanden sind,
- die Teile in Stücklisten nicht erfasst sind (z.B. Kleinstteile, Betriebsstoffe),
- der geringe Materialwert eine programmorientierte Ermittlung nicht rechtfertigt.

Die Bedarfsprognosen werden mithilfe von stochastischen Methoden erstellt. Für die mathematische Modellierung des Bedarfsverlaufs gibt es eine Vielzahl von Verfahren. Häufig verwendet werden u. a. folgende Verfahren:

- der arithmetische Mittelwert
- Methode des gleitenden Mittelwertes
- der gewogene gleitende Mittelwert
- die exponentielle Glättung

- die Regressionsanalyse

Aufgabe 83

Die vorrangigen Ziele der Fertigungskontrolle sind:

- Verbesserung bzw. Einhaltung der Produktqualität
- Gefahrenabwehr: Produzentenhaftung
- Verringerung von Ausschuss (d.h. fehlerhafte Produkte): Kostenersparnis
- Lieferung von statistischen Daten für Auswertung und Analyse gemäß Normen und Kundenanforderungen

Aufgabe 84

Gewährleistung bedeutet, dass ein Unternehmen bei Mängeln oder Schäden, die durch ein von dem Unternehmen hergestellten Produkt entstehen, gegenüber dem Kunden oder Endverbraucher in Haftung tritt. Das bedeutet im Einzelnen:

- Es wird nur für anfängliche Sachmängel gehaftet, d.h. die bereits bei der Übergabe bzw. Gefahrübergang an den Endverbraucher vorlagen.

Ein Sachmangel liegt vor:

- wenn die Sache nicht der vereinbarten Beschaffenheit entspricht
- wenn die Sache nicht den Angaben in der Werbung entspricht
- wenn die Sache nicht für die übliche Nutzung geeignet ist
- wenn die Montageanleitung mangelhaft ist und die Sache dadurch mangelhaft montiert wurde

Doch nicht nur die Mangeldefinition hat sich geändert sondern auch die Ansprüche des Käufers. Nun kann der Käufer folgende Rechte geltend machen:

- Recht auf Rücktritt (§ 440 I BGB)

- Recht auf Minderung (§ 441 | BGB)
- Recht auf Nacherfüllung (§ 439 | BGB)

Zu beachten ist hier, dass die Nacherfüllung – soweit diese möglich ist – dem Rücktritt oder der Minderung vorgeht, d.h. bevor vom Kauf zurückgetreten oder der Kaufpreis gemindert werden kann, muss dem Verkäufer die Möglichkeit gegeben werden, ein neues Produkt zu liefern oder das defekte zu reparieren. Ein weiteres wesentliches Merkmal der neuen Gewährleistung ist die sog. Beweislastumkehr. Tritt innerhalb der ersten sechs Monate ein Fehler bzw. Mangel auf, geht das Gesetz von einem Fehler/Mangel aus, der auf den Herstellprozess zurückzuführen ist.

Aufgabe 85

Bei der Durchlaufzeit sind die vorgangsbezogene und die auftragsbezogene Durchlaufzeit zu unterscheiden:

1. Die vorgangsbezogene Durchlaufzeit (Arbeitsplatzdurchlaufzeit) beinhaltet die Zeitspanne zwischen dem Eintreffen eines Fertigungsauftrags am betrachteten Arbeitsplatz und der Bereitstellung des (bearbeiteten) Auftrags am nachfolgenden Arbeitsplatz bzw. im Fertigwarenlager oder Versand.

- Die auftragsbezogene Durchlaufzeit (Produktionsdurchlaufzeit) ergibt sich aus der Summe der Durchlaufzeiten aller zur Erledigung eines Fertigungsauftrags zu verrichtenden Arbeitsvorgänge. Sie entspricht somit der Zeitspanne zwischen dem Eintreffen eines Fertigungsauftrags am ersten zu durchlaufenden Arbeitsplatz und der Bereitstellung des abgeschlossenen Auftrags im Fertigwarenlager oder Versand.

Aufgabe 86

Die Verfahren zur Ermittlung der Vorgabezeit aufgrund vorbestimmter Bewegungszeiten nennt man Systeme vorbestimmter Zeiten (SVZ). Die SVZ, die auch als Bewegungszeitsysteme oder Elementarzeitverfahren bezeichnet werden, berechnen die Vorgabezeit als synthetische Zeit. Sie gehen davon aus, dass jede Arbeitsverrichtung aus einer begrenzten Zahl von Grundbewegungen besteht, wobei bei Normalleistung jede Grundbewegung eine gleichbleibende Zeit aufweist. Diese Zeiten werden ermittelt und in Tabellen zusammengefasst, aus denen dann die Vorgabezeit synthetisch (analytisch) ermittelt werden kann.

Aufgabe 87

Die Maßnahmen zur Steuerung der Stoffströme sind: Vermeidung, Verminderung, Verwertung und Beseitigung. Vermeidung bedeutet, dass Stoffe, die nachweislich negativen Einfluss auf die Umwelt haben (z. B. Lösungsmittel, FCKW, Bleiverbindungen etc.), vollständig eliminiert werden sollen. Verminderung bedeutet in diesem Zusammenhang, das der Stoffeinsatz, der für die Produktion und Nutzung eines Produktes notwendig ist und damit auch nachher als Emission oder Abfall die Umwelt belastet, durch die Anwendung von Methoden zur Reduzierung des Material- und Energieeinsatzes verringert werden kann. Bei der Verwertung sollen die Stoffe, die auch nach einer Verminderung immer noch vorhanden sind, einer weiteren Nutzung zugeführt werden. Ziel bei dieser Strategie ist es, den Stoffstrom so lange im Nutzungskreislauf zu erhalten, bis eine weitere Verwendung nicht mehr möglich ist. Dieser Ansatz stellt die Grundidee der verschiedenen Methoden des Recycling dar. Die letzte Möglichkeit in der Behandlung der Stoffströme ist die Beseitigung bzw. das Deponieren. Das heißt jedoch nur, dass der Stoffstrom in mehr oder weniger geordneter Form in die Umwelt abgegeben wird.

Aufgabe 88

Ziel des Rechtsschutzes für Erzeugnisse ist es, geistiges Eigentum wie Erfindungen, Muster und Modelle gesetzlich zu schützen. Hierzu sind Rechtsnormen geschaffen worden, die die missbräuchliche Verwendung geistiger Leistungen durch unberechtigte unter Strafe stellen. Die Urheber solcher immaterieller Leistungen können sich so für eine begrenzte Zeit vor ungerechtfertigter Konkurrenz schützen und ihren Wissensvorsprung wettbewerbsorientiert am Markt nutzen.

Aufgabe 89

Diensterfindungen sind immer dann gegeben, wenn sie im Rahmen des Arbeitsverhältnisses entstehen und entweder Teil der Tätigkeit (Obliegenheitserfindung) sind oder aufgrund der während der Tätigkeit gewonnenen Erfahrungen und Kenntnisse (Erfahrungserfindungen) entwickelt wurden (§4 ArbnErfG). Sie müssen dem Arbeitgeber schriftlich angezeigt werden. Dieser kann sie uneingeschränkt in Anspruch nehmen, muss sie aber im Inland schützen lassen und dem Erfinder eine angemessene Vergütung zahlen.

Es handelt sich nur um freie Erfindungen, wenn der Mitarbeiter privat eine Erfindung macht ohne dabei seine dienstlichen Erfahrungen und Arbeiten zu nutzen. Freie Erfindungen, die im Betrieb des Arbeitgebers verwendet werden können, müssen dem Arbeitgeber unverzüglich angezeigt und angeboten werden. Er hat innerhalb von 3 Monaten zu erklären, ob er die Erfindung als freie Erfindung anerkennt. Später kann er sie nicht mehr als Diensterfindung in Anspruch nehmen.

Aufgabe 90

Der Hersteller ist von jeglicher Haftung befreit, wenn er beweist:

- das er das Produkt nicht in den Verkehr gebracht hat,
- dass der Fehler, der den Schaden verursacht hat, nicht vorlag, als das Produkt von ihm in Verkehr gebracht wurde,
- dass das Produkt nicht für den Verkauf mit eventuellem Gewinn hergestellt wurde,
- dass das Produkt weder im Rahmen seiner beruflichen Tätigkeit

hergestellt oder vertrieben wurde,

- dass der Fehler darauf zurückzuführen ist, dass das Produkt verbindlichen hoheitlich erlassenen Normen entspricht,
- dass der vorhandene Fehler nach dem Stand der Wissenschaft und Technik zu dem Zeitpunkt, zu dem er das betroffene Produkt in Verkehr gebracht hat, nicht erkannt werden konnte,
- wenn es sich um den Hersteller eines Teilproduktes handelt, dass der Fehler durch die Konstruktion des Produktes, in welches das Teilprodukt eingearbeitet wurde, oder durch die Anleitung des Herstellers des Produktes verursacht worden ist.

Aufgabe 91

Das Arbeitszeitgesetz (ArbZG) verfolgt im Wesentlichen drei Ziele:

- Das ArbZG schützt die Gesundheit der Beschäftigten, indem die Höchstdauer der täglichen Arbeitszeit sowie die Mindestdauer der Ruhezeiten und Pausen festgelegt werden. Weiterhin sind spezielle Regelungen zum Schutz von Nachtarbeitnehmerrinnen und -arbeitnehmern vorhanden. Soweit Arbeits- bzw. Einsatzpläne gegen das Arbeitszeitgesetz verstoßen, sind sie – auch wenn sonstige Verstöße gegen das Arbeitsvertragsrecht nicht ersichtlich sind – gesetzwidrig. Dies gilt auch im Falle des einvernehmlichen Handelns mit den betroffenen Beschäftigten.
- Des ArbZG verbessert die Rahmenbedingungen für flexible Arbeitszeiten, indem im Gegensatz zu den früher geltenden Regelungen Ausgleichszeiträume großzügiger gestaltet sind und für die Tarifpartner innerhalb des gesetzlichen Rahmens Möglichkeiten bestehen, gewisse abweichende Regelungen zur Anpassung an die betrieblichen Erfordernisse zu treffen.
- Das ArbZG schützt den Sonntag und die staatlich anerkannten

Feiertage als Tage der Arbeitsruhe und der „seelischen Erhebung", indem es im Grundsatz ein Beschäftigungsverbot für Arbeiten an diesen Tagen festlegt. Um allerdings dem Umstand Rechnung zu tragen, das gewisse unaufschiebbare Arbeiten auch an Sonn- und Feiertagen möglich sein müssen, enthält das Gesetz einige Ausnahmevorschriften.

Aufgabe 92

Vom Arbeitszeitschutzgesetz ausgenommen sind folgende Personen:

- Selbständige,

- leitende Angestellte im Sinne des § 5 Abs. 3 des Betriebsverfassungsgesetzes sowie Chefärztinnen und -ärzte,

- Leiterinnen und Leiter von öffentlichen Dienststellen und deren Vertreterinnen und Vertreter sowie Beschäftigte im öffentlichen Dienst, die in Personalfragen selbständig entscheiden dürfen,

- Beschäftigte, die in häuslicher Gemeinschaft mit ihnen anvertrauten Personen zusammenleben und sie eigenverantwortlich erziehen, pflegen oder betreuen,

- im liturgischen Bereich der Kirchen und der Religionsgemeinschaften tätige Personen.